# 十年，二十人 黔行中国梦

SHI NIAN ER SHI REN QIAN XING ZHONG GUO MENG

贵州广播电视台　编

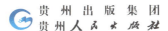

贵州出版集团
贵州人民出版社

**图书在版编目（CIP）数据**

十年，二十人：黔行中国梦 / 贵州广播电视台编
. -- 贵阳：贵州人民出版社，2022.9
ISBN 978-7-221-17509-0

Ⅰ. ①十… Ⅱ. ①贵… Ⅲ. ①人物—先进事迹—贵州
—现代 Ⅳ. ①K820.873

中国版本图书馆CIP数据核字(2022)第213499号

十年，二十人——黔行中国梦

贵州广播电视台　编

选题策划　肖熳春
责任编辑　张羽飞
版式设计　郑亚梅
出版发行　贵州出版集团　贵州人民出版社
地　　址　贵阳市观山湖区中天会展城会展东路SOHO办公区A座
邮　　编　550081
印　　刷　贵阳精彩数字印刷有限公司
规格开本　170mm×240mm　1/16
印　　张　13.5
字　　数　180千字
版次印次　2022年9月第1版　2022年9月第1次印刷
书　　号　ISBN 978-7-221-17509-0

定　　价　98.00元

本书获2022年度贵州省出版传媒事业发展专项资金资助

# 本书编委会

主　任：王先宁

副主任：哈思挺

编　委：王　丹　黄　蓓　唐朝华
　　　　刘　玮　侯　莹　苏　姝

# 前　言

　　数字意义上的"十年"，置于历史长河，或许只是一个短暂的时光切片，但书中着力落笔的这十年，确是很多人梦想落地生根的十年。

　　这是一群不同年龄、不同民族、不同行业的"贵州人"。他们当中，有人主持发掘了贵州目前唯一的世界文化遗产，也有人醉心于让非物质文化遗产重放光彩；有人在世界领先的无人驾驶领域不断探索，也有人埋头于田间实验室孕育蔬菜种子；有人博士毕业学成归来用医学反哺家乡，也有人开着出租车年复一年为山区的孩子们送去精神食粮。他们当中，既有职业教育的办学者，也有默默奉献的特教老师；既有破除了刻板成见的"独腿博士"，也有行程可绕地球11圈的邮递员；既有易地扶贫搬迁的社区工作者，也有用视频推介贵州旅游的自媒体博主……不论学历高低、荣誉大小，不论他们的工作在别人眼中是"高大上"还是"接地气"，他们都有一个共同的特点——在社会高速发展变化中，忠于自己的人生梦想，勇于坚持，不惧得失。他们都是在各自领域敢想敢干、不懈奋斗的追梦人。

　　平凡人物、琐碎生活与朴素情感，往往能触及人心最柔软的地方。本书聚焦于他们鲜为人知的追寻故事、起伏转折的生活经历，以及如何建立起自己的人生观、价值观，如何让"自信自强，勇毅前行"成为更多人"黔"行的信条。

　　当然，追梦之旅还在延续。限于篇幅，这本小书只选取了20个采访对象，但这些"贵州人"事业进击，精神丰盈，既普通又不平凡。他们个人小梦想的实现，让我们感知"中国梦"提出十年来贵州各行各业奋进发展的故事，折射出中国社会十年来的快速发展变化。

本书的采访对象，多为贵州广播电视台《了不起的你》《贵州腔调》等节目的访谈嘉宾。作者均来自贵州广播电视台全媒体新闻中心，其中大多数是广播节目主持人。他们或许文笔尚生涩，行文仍欠纯熟，但他们努力用话筒、镜头、文字记录下了这些新闻人物的梦想，同时也是在实现他们自己十年来记录时代光影、推动社会进步的新闻梦想。

正是每个人为之奋斗的小梦想，汇聚成了伟大的中国梦。何其有幸，身处这伟大的时代，我们每个人才能有更多实现梦想的机会。在中国共产党的坚强领导下，正是通过无数普通人付出的努力、拼搏和奋斗，我们的国家才能在社会主义道路上走向现代化、走向繁荣富强，才能在实现中华民族伟大复兴的正确道路上奋力前行。

# 目 录 | Contents

关于李飞

　　**李飞，**1976年生于云南昌宁，考古人、博士、研究馆员。曾先后任贵州省文物考古研究所副所长、贵州省博物馆副馆长等职，2020年起任贵州省博物馆馆长、中国博物馆协会常务理事。2012年起主持海龙囤遗址考古发掘与研究工作。为贵州省"甲秀文化人才"，主持国家社科基金项目1项，出版著作《叩问黄土：一个考古者的田野札记》《复活的土司城堡：海龙囤考古手记》《玛瑙山：考古、文献与口碑》等。研究成果两获贵州省哲学社会科学优秀成果奖二等奖。2016年5月获首届中国考古"金爵奖"。2021年9月获评全国文化和旅游系统先进工作者。

# 我把青春献给了海龙囤
## ——考古人李飞的黄金十年

### 十年前开始的一场"包办婚姻"

　　2012年4月起，李飞开始主持遵义海龙囤遗址的发掘和后期资料整理与报告编写工作。整整十年过去，四卷本的海龙囤考古报告计划于2022年出版。李飞说，他把自己的"黄金十年"献给了这座山。

　　现在人们提起海龙囤就会想起李飞，说起李飞也会想到海龙囤。十年前的李飞完全没有想过自己会结缘海龙囤。那个时候的他，还沉迷于

李飞在办公室

事业的"初恋情人"——岩画研究。

2001年底到2002年初，在贵州省文物考古研究所工作的李飞开始接触岩画，并产生了特别浓厚的兴趣。他与妻子小梅也是在考古现场研究岩画的过程中认识的。

2003年李飞读硕士时，向导师提出想做岩画的课题。但是导师告诉他："现在时机不成熟，岩画还是一个世界性的难题，没法断代，你还是先进行一些纯考古学的训练！"

贵州开阳画马崖岩画

2011年，李飞回四川大学攻读博士学位，向导师再次提出了研究岩画的课题。这一次导师鼓励他："就选这个题目，这是可以冲击'全国百佳博士论文'的选题。"

2012年3月初，正在四川大学读博的李飞突然接到单位领导的电话，说海龙囤要申遗，让他回来主持发掘工作。虽然李飞曾去过海龙囤，但对它没什么兴趣，对它也没有什么深入的认知。李飞打算花个一两年把这项工作做完后，再回来继续研究岩画课题，接着把博士论文《中国西南岩画的研究》写完。

让李飞没有想到的是，与"初恋情人"分别之后，"强加"给他与海龙囤的"包办婚姻"会成为他人生中抹不掉的印记。

# 贵州第一个世界文化遗产

海龙囤又叫海龙屯、龙岩囤或龙岩新城，是"万历三大征"之一播州之役的主战场。它是在南宋晚期抗蒙背景下，地方势力与中央朝廷共同修建的防御工事。明万历年间，第三十世播州土司杨应龙进行了大规模重建。海龙囤于万历二十八年（1600年）毁于播州之役。

20世纪70年代，海龙囤进入文物工作者的视野，考古人员曾于1999年开展了首次考古试掘工作，2001年海龙囤被列为全国重点文物保护单位。2012年起，考古人员开展了历时数年的考古发掘活动，揭示了部分不为人知的遗存，使人们对海龙囤的认识进一步深化。

2012年2月，湖南、贵州、湖北三省以"土司遗址"之名联合申报世界文化遗产。之后的3年里，考古队在海龙囤夜以继日地工作，加班至凌晨两三点钟是家常便饭，每年都持续发掘两三百天，为呈送联合国教科文组织的"申遗"文本提供了强力的支撑，创造了最短的"申遗"时间记录。

海龙囤春色

2012年到2017年期间，李飞和考古队员们鲜少回家。白天在野外进行繁重的发掘作业，晚上还有整理工作要做，压力非常大，李飞自然也就没有精力再顾及他的"初恋"岩画了。

李飞后来出版的《复活的土司城堡：海龙囤考古手记》，大多是那一时期，每天晚上做完整理工作以后，熬夜到凌晨两三点钟写成的。

2013年1月，海龙囤遗址考古发掘荣膺中国社会科学院全国六大考古发现。

考古队员们在海龙囤发掘出土文物

考古队员们在昏暗的灯光下工作

李飞在中国社会科学院全国六大考古发现汇报现场

2015年，世界遗产大会在德国波恩召开，当海龙囤连同湖南永顺老司城、湖北唐崖土司城一起"申遗"成功的喜讯传来时，正在从海龙囤去往遵义市区途中的李飞既激动又兴奋。

2015年12月，包括海龙囤在内的西南土司遗存荣获"全球田野考古十大发现"。

海龙囤是贵州第一个，也是目前唯一的世界文化遗产，科学的考古发掘为其成功跻身世界遗产发挥了重要的作用，极大地提振了贵州人的文化自信。

## 坐上"火药桶"后又重返海龙囤

早在2009年初，上级就曾打算让33岁的李飞到贵州省博物馆（后简称为"省博"）担任副馆长。但出于种种原因，李飞被任命为贵州省文物考古研究所副所长。没想到8年后，他还是来到了省博工作，李飞觉得这或许是自己命中注定的缘分。

2017年初，李飞终于离开工作了18年的考古所，被调任为省博副馆长，分管业务工作。热爱考古的他，当时内心里并不情愿，他只想很纯粹地把原来做的事做到极致，但他还是服从了组织的决定。

做考古的时候，虽说也会感到身体被透支，并且长期在野外工作回不了家，但李飞却"痛并快乐着"，相对单纯的工作让他很有成就感。

刚调到省博时，他非常不适应，迎面碰到的都是烦心事：因为超预算，新馆舍还未完全验收；土地林地这些都没扯完，建筑本身也有很多问题。一到下雨天到处都得去巡视，心是悬着的，既要担心文物的安全，又

贵州省博物馆新馆

要担心入馆观众以及馆内职工的人身安全；要协调参观群众的投诉；要检查卫生情况……哪怕出了一点点纰漏，一下子就会被放大。李飞形容："我就像坐到一个火药桶上一样……"

到了省博工作后，李飞需要花费大量的精力去协调各种事情，需要统筹好馆里十几个部门的工作，工作内容很庞杂，跨度也很大。很多以前不懂的事情，不得不学习起来，而且必须要抓住重点。

一项考古工作，只有考古报告出版了，才能圆满画上句号。李飞不想留下遗憾，于是在2017年完成省博新馆开放的任务后，他申请重返海龙囤，去完成未竟的考古资料的整理与报告的编纂工作，然而未获批准。

2018年国庆后，借着向上级提交关于海龙囤报告的一个机会，李飞又顺势提出了重返海龙囤的想法。这一次，上级不仅拨了工作经费，还要求考古所、省博和海龙囤管理局各出几个人，限定用一年半的时间完成报告编纂工作。2020年5月，海龙囤的考古报告初稿按计划完成。

在此之前的两个月，李飞被任命为省博馆长，身上的担子更重了。

李飞下山回到省博后，接到的第一个任务是参加在南京举行的"全国十大精品陈列"推介活动，他将代表省博汇报基本陈列中的"民族贵州展"。这是省博第一次如此接近这个被誉为"博物馆界奥斯卡奖"的奖项，此前贵州还没有任何一个展览获得过"十大精品"的殊荣。但此时距作汇报的日期只剩不到一周的时间，李飞只好带着团队熬了几个通宵，提炼展览亮点，制作PPT，在截止日期之前向会务组提交了汇报材料。

虽然省博进入了终评会，但评委们预判认为，以贵州的实力获奖的几率很小。"谁知道，突然杀出一个留长头发的，讲得还不错。" 当时省博获得的票数排名第三。事后得知，评委们一致认为李飞的汇报很出彩。

这是省博建馆67年来第一次获得"博物馆界的奥斯卡奖"，全馆上下精气神为之一振。好多人说李飞是个福将，李飞却说是几代博物馆人一起努力，才有了这样的成果。

李飞从来不是一个甘愿"躺平"的人。虽然在博物馆界他算是个新人，但他希望能够留下一些不一样的东西，所以他对自己有期许，自我加压，希望能够做得更好。

2020年以前的省博，是全国唯一一家不是国家一级博物馆的省级博物馆。李飞希望自己能带领团队再次突破——申报"一级馆"。

在新馆建成开放前，省博的硬件条件不好，馆舍体量比较小，能力和水平相对欠缺，确实不具备成为"一级馆"的条件。但成功斩获"十大精品"展，鼓舞振奋了省博人的斗志，更为"一级馆"的申报锦上添花。当年李飞把工作重心转向国家一级博物馆的申报，终于在年底通过评审。

跻身"十大精品"与"一级馆"对省博而言，是载入馆史的两件大事。过去的十年可谓贵州的"黄金十年"，省博所取得的成绩亦是贵州经济社会高速发展的一个缩影。

2021年10月李飞出席海南国际文创周时发表演讲

而对李飞而言，坐上这个"火药桶"后，桶里的"火药"倒是已经两次绽放出璀璨的焰火。

2022年，对省博来说，困难与机遇并存。最大的困难是新建成的馆舍还没完成最后的验收，其次是人员结构和能力都有待优化。机遇是为讲好"贵州是中华文化主藤结出的一个瓜"的故事，省里拨出大量经费支持省博对基本陈列进行改造。

省博基本陈列原本的主题是多彩贵州，分了几个板块，分别讲述古生物王国、历史贵州、红色贵州、民族贵州等主题，但因为分得太细碎，历史主线不够清晰。很多人看了只觉得花花绿绿的少数民族服饰很好看，除此之外难以让人留下深刻印象。

而随着经济社会的发展，贵州现在已经有了好几家专题博物馆，省博面临的难题是，既要突出省级综合性博物馆的地位，又要彰显出自己的特色。这意味着省博得把1至3楼6000平方米的展厅全部推倒重来，这是一次"大手术"。虽然李飞还未经手过这么大的展览，但他接到任务后，就开始着手设计框架，分组人员，列出计划，在全国范围内邀请专家学者来出谋划策，力争把每一分改造经费都花在刀刃上。新的基本陈列，预计将于2023年省博建馆70周年时开放。李飞希望，那时省博能成为一个讲好贵州故事，提振贵州人文化自信的重要窗口，成为每个贵州人的文化会客厅。

## 想劝十年前的自己淡定一点

回想海龙囤诸多的考古发现，李飞认为最难忘的一件文物是公道杯，因为它蕴含了人生的哲理——满招损，谦受益。

那是一件来自江西景德镇的青花瓷器，出土时是只一些碎片，外壁布满铭文。通过资料查询与比对，考古队员们通读了铭文后判断这是一件公道杯的残片，优先将它修复。公道杯中有一个U形管结构，一个孔在杯底，一个孔在杯外。由于虹吸原理，往里倒液体时，如果只倒一半，内外气压平衡，不会漏；但如果倒满了，内部压力过大，杯中的液体则会全漏出来。

回过头来，李飞想对十年前的自己说：可以再努力一点，再淡定平和一点，就能够把工作做得更好一点。

为什么说更淡定一点？

因为李飞觉得自己的脾气比较大，不管是多大的领导，如果觉得事情做得不对，就会直截了当地说出来，造成了很多不愉快。当他很投入地去做一件事情的时候，可能忽略了一些细节，忽略很多人和事。有的时候甚至可能出口伤人。他觉得那个时候的自己不够成熟，太年轻。

有人说李飞是一个有争议的人。李飞一直在反思，这可能是说他的研究能力、学术能力得到了肯定，但在表达观点时，忽略了其他人的情感和感受。坐在如今的位置上，如果能干的下属出言不逊，他也会感到难受。

李飞说："万物造我。我所接触的人、工作的环境、学习的环境、家庭生活等方方面面施加在一起，才塑造了这样的我。"他认为想把省博带上更高的平台，应该多领悟一下公道杯的道理。

海龙囤出土的公道杯

李飞在贵州省博物馆的展览开幕时致辞

## 在博物馆的考古人，从未放下岩画研究

过去的十年，也是李飞的"黄金十年"，他读完了博士学位，完成了贵州考古史上的第一个世界文化遗产的申报，实现了省博历史上的两项重要突破。众多荣誉加身，而李飞却说："我觉得自己算是个学者，还是希望大家在介绍我的时候能说，这个人是搞考古的，目前在省博物馆工作，就够了！"

李飞觉得，作为考古人，应该去挖掘、发现贵州的历史和文化。博物馆作为保护和传承人类文明的重要场所，是要守护好、传承好、展示好这些优秀的文化传统。"贵州是中华文化主藤结出的瓜，既要讲好主藤，也要讲好瓜的故事。这是一脉相承的事。"李飞现在希望尽己所能地做好一个博物馆人，让省博的展览能服务未来的十年，这是自己的使命担当。

展望未来，李飞希望有一天自己还能够有精力回去把过去感兴趣的岩画课题重新抓起来。作为一个考古人，李飞始终没有忘记十年前自己心心念念的岩画研究，他一直坚信，岩画的研究也可以做得很出彩。他设想什么时候完成了现在该做的工作，或者退休以后，自己还会回去继续做岩画研究。

作为一个考古人，他深深地理解，在历史发展的进程中，有太多的因素会改变发展的轨迹，对于个人而言亦是如此。

文：赵朝亮

关于朱宏

朱宏，1987年进入黔剧团，师从黔剧著名小生邹秀钟、老生陈晓鹏。主演剧目多次荣获文化和旅游部剧目奖、贵州省政府文艺奖、"五个一工程"奖等奖项。在黔剧《贞女》《大学生村官》《九驿图》《湄水长歌》《天渠》等剧中担任主演。现任贵州省黔剧院院长、国家一级演员、国家级非物质文化遗产传承人、贵州省剧协副主席、文化和旅游部优秀专家、贵州省"四个一批"人才、贵州省"德艺双馨"文艺工作者。

# 贵州腔调唱黔景

## ——朱宏的黔剧梦

"戏如人生，多变幻……"

国家级非物质文化遗产黔剧传承人朱宏一开腔，仿佛就把我们带入了时光深处。生旦净丑，唱念做打。曾经，戏曲是人们最通俗的娱乐，它承载着一方水土的文化基因，滋养一代又一代人的心灵，是几代人记忆深处的乡音。

朱宏在黔剧《湄水长歌》中饰演主角严县长

黔剧，国家级非物质文化遗产，是贵州地方戏曲剧种之一，它突出戏曲与群众之间形成的趣味沟通、情感融会和精神互渗，唱响了神州大地多彩贵州。

朱宏说，2022年"中国梦"提出十周年之际，贵州黔剧院将继续讲好贵州故事，弘扬贵州时代精神，正如黔剧《湄水长歌》的台词"一脉文心传万代，千古不绝是真魂"！

## 从贵州弹词到黔剧

黔剧，曾名文琴戏，至今已有300年的历史，是贵州省传统地方戏曲剧种，流传于贵阳、毕节、安顺、铜仁、遵义、黔西南等地区。

黔剧的前身是贵州扬琴，亦称"贵州弹词"，是一种以扬琴为主要伴奏乐器，分角色坐唱的说唱艺术，清代康熙年间开始在贵州境内流传，唱腔音乐属板腔体，唱词以韵文为主。当时的文人雅士，喜欢坐在茶馆里边演奏扬琴边用方言演唱，唱腔质朴、婉转。

为了满足群众文化生活的需要，毕节的文琴艺人于1952年将这种坐唱曲艺搬上舞台，将婺剧剧本《百日缘》配以贵州扬琴唱腔，用当地方言道白，模仿京剧、川剧的表演，演出获得成功，并取名为文琴戏。尔后又将贵州扬琴的传统曲目《搬窑》整理改编成文琴戏呈现，引起了轰动。黔剧界普遍认为，这次演出标志着黔剧的诞生。之后，全省各地出现了很多文琴戏的社团、剧团，例如以茶馆为媒介的文音茶社。这种文琴坐唱的曲艺形式，当时在贵州各地比比皆是，引起了文化主管部门的重视，1957年后相继成立了专业或半专业的文琴剧团，并举行了两次文琴戏会演。

在全省进行的地方戏曲调研中，以舞台的戏曲表演形式呈现，极具贵州地域特色和民族特色，唱腔体系也比较完整的文琴戏脱颖而出。1960年2月，文琴戏以贵州的简称"黔"被正式命名为黔剧，并组建了贵州省黔剧演出团。之后在贵州省黔剧演出团的基础上，又成立了贵州省黔剧团。

朱宏在黔剧《秦娘美》中饰演主角珠郎

20世纪60年代，由侗戏优秀传统剧目改编而来的黔剧《秦娘美》进京演出一举成功，又拍摄成舞台艺术影片上映，轰动海内外。

20世纪70年代推出的黔剧《奢香夫人》，同样是将少数民族的音乐元素融入剧目中，荣获文化部颁发的创作一等奖、演出一等奖，于2006年被文化部纳入《中国戏曲百种曲》。

2008年6月7日，黔剧被列入第二批国家级非物质文化遗产名录。

2012年，贵州省黔剧团正式更名为贵州省黔剧院。黔剧院不断推陈出新，不仅有大放异彩的少数民族题材，也有《湄水长歌》《乌卡》《红色记忆》等寓意深远的历史题材剧目。《天渠》是以脱贫攻坚战场上涌现的时代楷模黄大发在绝壁上凿出"生命渠"的故事为原型而创作；《腊梅迎香》以"当代女愚公"邓迎香的故事展现了当代贵州新时代女性敢于有梦、勇于追梦的顽强拼搏精神；《无字丰碑》讲述了贵州省第一任党工委书记林青的事迹。还有以乡村振兴为主题的剧目，讲述了近些年来贵州城乡经济快速发展中那种不服输、有韧劲、乘风破浪、勇往直前的事迹，生动展现了"团结奋进、拼搏创新、苦干实干、

黔剧《腊梅迎香》剧照

后发赶超"的新时代贵州精神。

朱宏在介绍黔剧的历史源流时说，黔剧从流传于民间的说唱艺术，逐渐演变为具有鲜明地方特色和演出风格的地方戏曲剧种，形成了其清丽委婉，善于抒情的戏剧风格，既贴近生活，又不失浪漫的表演特色。黔剧的保护和传承，不仅注重戏曲艺术的发展规律，更在坚持黔剧独立的文化品格和审美价值的基础上，走出了一条开拓创新的发展之路。

## 从小歌星到黔剧演员

朱宏天生有一副好嗓子，音色清亮、音域宽广。由于父亲是黔剧团的，母亲是花灯团的，当年都是团里的专业演员，朱宏受父母影响，从小就喜欢戏曲。20世纪70年代中期，朱宏家住在贵阳大十字，家门口有个小院，父亲经常在门前演奏扬琴，朱宏就跟着唱，当时就觉得传统乐器太有魅力了。每天晚饭后，朱宏就给全院坝的街坊邻居现场演唱《小小竹排》《红星闪闪》等歌曲。时间一长，他成了街坊邻居眼中的"小歌星"，院坝也变成了小剧场。

朱宏在黔剧《贞女》中饰演主角幺哥

　　1983年，省文化部门与艺术学校共同开设首个黔剧班。父母知晓后，鼓励朱宏报考黔剧班。凭着出色的音准和灵动的模仿，他顺利考入，师从黔剧著名小生演员邹秀钟、老生演员陈晓鹏。

　　上台全凭眼，一切心中生。黔剧很讲究"手、眼、身、法、步"的娴熟程度，戏剧演员从小就要练眼神。当年在省艺校黔剧班学习的时候，朱宏按照老师教的方法反复练习，去感受各种不同的情绪。现在回想起来，还觉得特别有意思。方法是这样的：打上一盆热水，把毛巾敷热以后捂到脸上，把头埋在毛巾里练习喜怒哀乐各种表情，毛巾的温度让脸部的血液循环更加流畅，利于打通情绪。

　　通过数十年的勤学苦练，朱宏塑造了一个个生动的舞台人物形象，力求以精湛动情的表演讲好新时代贵州故事。他曾在大型黔剧《珍珠塔》

朱宏在黔剧《秦娘美的后代们》中饰演主角亚郎

《秦娘美》《家庭公案》《乌卡》《秦娘美的后代们》《贞女》《大学生村官》《九驿图》等上百台黔剧中扮演男主角。他主演的剧目多次荣获文化部剧目奖、贵州省政府文艺奖一等奖、贵州省"五个一工程"奖等奖项。

　　现实题材黔剧《天渠》的剧本创作出来后，朱宏曾到草王坝村去采访带领乡亲们开山筑渠的老支书黄大发。走在悬崖峭壁间的"天渠"上，他才明白为什么这条水渠修了36年。他仔细观察黄大发的行动、语言特点，越深入了解，越是被深深打动。黄大发作为基层的共产党员、村支书，一门心思扑在帮乡亲脱贫致富上，这种精神真正打动了朱宏，也感动了观众朋友。2018年底，《天渠》选段在国家大剧院的新年戏曲晚会上亮相。2019年，《天渠》又赴上海参加第十二届中国艺术节展演，并获第十六届

朱宏在黔剧《天渠》中饰演主角黄大发

中国文化艺术政府奖文华大奖"提名剧目"奖。演出现场，观众们被剧情深深感染和打动，演出结束后，自发地站起来围在舞台前鼓掌，久久不愿离去。演出现场观众的反馈，让朱宏深深感动，也坚定了他打造精品剧目的信心和决心。

## 梦想与使命

黔剧属于传统戏曲，天生存在小众属性，目前受众群体依然不大。2016年，黔剧院与贵州广播电视台合作拍摄的60集情景喜剧《欢乐黔剧》，就是想通过传统与现代相结合的方式，向大家推广普及黔剧。

朱宏现在最大的梦想是，期待黔剧院能有一座专门的黔剧剧场，定期向喜欢黔剧的观众开放，让他们能持续感受黔剧带来的完整舞台体验，让更多朋友感受这种地方戏剧的独特魅力。

"戏曲剧种传承，最怕的就是新人'断层'，这也是我决定收徒的原因。"2022年3月，朱宏在贵阳收徒传艺，这也是他从艺39年来首次收徒，在黔剧艺术的求索之路上，朱宏收获无数荣誉和头衔，其中，他最看重、也极其珍惜的，是"国家级非物质文化遗产黔剧代表性传承人"这个身份。

"收徒传艺，既是责任也是义务。倾囊传授，让黔剧人才储备进入良性循环，作为国家级非遗传承人，我责无旁贷。"朱宏告诉记者，黔剧的发展，是在国家的重视和百姓的关注、喜爱下才得以续脉，"传承不可

朱宏在黔剧《春擂顶云》中饰演主角李顶云

失，更不可断"！

采访中，朱宏一再强调，对一个院团、一个地方剧种来说，要一步一步地跟着时代的步伐往前走，要把贵州先进的典型人物、历史故事用艺术的形式呈现，让贵州人了解贵州自己的历史，了解贵州老百姓今天的幸福生活是怎么来的，这是贵州省黔剧院的历史使命与担当。

近几年，黔剧院的精品力作层出不穷，能够在国家级的高端平台展示，得到国家级的认可，也是因为随着时代的发展，党和国家对传统文化、对戏曲越来越重视，迎来了戏曲高度发展的大好时机。贵州黔剧的发展已经有了"高原"，离"高峰"的目标也越来越近，接近"高峰"的作品在慢慢地呈现。高质量发展的时代，贵州文艺院团将会办得越来越好，贵州创作的精品剧目也会越来越多，文艺工作者们将不遗余力地创作更多

朱宏在黔剧《大学生村官》中饰演主角阿冬甘

佳作，不断创新与突破。

2022年是"中国梦"提出的十周年，回顾过去十年，作为一名戏剧演员，朱宏最大的感受是四个字——感同身受。黔剧人通过塑造一个个鲜活形象和角色，见证和记录了时代的发展和变迁，从脱贫攻坚到乡村振兴，用心用情讲述了贵州故事，彰显了贵州精神。这一切的变化，朱宏都感同身受。黔剧人将继续用心、用情创作，打造更多高质量的精品剧目，让黔剧在新的时代焕发新的生机！

文：申　炜

关于孟平红

孟平红，1966年生于贵州平塘，研究员，博士后，现任贵州省农业科学院副院长。主要从事蔬菜遗传育种、栽培技术研究与示范推广、生物技术研究。先后荣获全国五一巾帼标兵、贵州省五一劳动奖章、贵州省五一巾帼标兵、贵州省高层次创新型人才"百"层次人才、贵州省优秀青年科技人才、新世纪科研工作先进个人、"帮联驻服务三农"先进个人、科研工作先进个人二等奖等荣誉和奖励。

# 让农业插上科技的翅膀

## ——孟平红的农科梦

贵州是典型的喀斯特山区省份，山地和丘陵的面积占比超过九成，粮食种植极其艰难，但在这片土地上长出的绿色蔬菜，却成为千家万户餐桌上的"颜值担当"。数据显示，到2020年底，贵州蔬菜种植面积上升到全国第四，产量全国第十，产值全国第七，贵州蔬菜产业进入了全国第一梯队，贵州成为中国南方重要的夏秋蔬菜生产大省。在这一系列的成绩背

孟平红（中）在菜地里查看蔬菜长势

后，离不开贵州省农业科学院（后简称为"贵州省农科院"）蔬菜科研团队专家们几十年的努力和创新。贵州省农科院副院长、蔬菜学科带头人孟平红博士，就有一个长在菜园里的大梦想。

## 她为贵州蔬菜代言

盛夏，明媚的阳光透过浓绿繁茂的叶片，照射在一串串果实上，这些西红柿已经陆续进入采摘期，红红绿绿，沉甸甸地挂在藤蔓上。在位于清镇市红枫湖畔的清镇长津农业生态科技有限公司的蔬菜基地——贵州省农科院园艺所蔬菜科技示范基地里，孟平红正带贵州省农科院蔬菜科研团队的研究人员、清镇市农业农村局的农技人员查看基地蔬菜长势。

菜地里，紫茄子、绿丝瓜、白豆角、青辣椒、红番茄、绿甘蓝各自守好一块地，画出自己的颜色，充满了勃勃生机。

在长津公司的基地上，一大片蔬菜郁郁葱葱，那是贵州省农科院自己培育的50多个蔬菜新品种，还有示范

贵州省农科院培育的蔬菜

孟平红（中）带领团队进行蔬菜新品种选育

的各种蔬菜"321"高效种植模式。作为贵州省农科院蔬菜学科带头人，孟平红一年四季要来这个基地若干趟，看着地里长势喜人的蔬菜，孟平红的笑声爽朗自信。她说："这些蔬菜就是我的骄傲，看着它们，就像看自己的孩子一样，这些都是贵州省农科院针对贵州的生产实际培育出的绿色、生态、干净、安全的放心菜！贵州蔬菜采用的是病虫害绿色综合防控技术，喝的是矿泉水，呼吸的是优质的空气，全省蔬菜农产品农残检测合格率达到98%以上！"

　　在别人眼中，孟平红是位爱漂亮的女子，眼睛明亮，皮肤白皙，波浪长发衬托出温婉的气质。可一到田间地头，她就完全换了一副模样，头戴大草帽，裤腿挽起，高跟鞋也换成了沾满泥土的运动鞋，播种、育苗、移栽、打叶、整枝、施肥、浇水、测量、记录，就是一个种地的行家里手，透着一股质朴的气息。

## 梦开始的地方

孟平红出生在贵州省黔南州平塘县，34年前，刚刚大学毕业的她被分配到贵州省农科院从事蔬菜科研工作。从那时起，她就确立了一个奋斗目标：让贵州的老百姓都能吃上"放心菜"，让贵州的农民通过科学种菜脱贫增收。几十年来，无论换过多少岗位，她一直和土地打交道，和蔬菜打交道，和农民打交道。

从最开始驻村蹲点的研究实习员，到后来独立主持重大课题研究，再到带领一个蔬菜学科团队，孟平红说，这一路走来，她最感谢的就是贵州省农科院前名誉院长、贵州省著名蔬菜专家李桂莲老师。

孟平红（左）与李桂莲在威宁县蔬菜项目基地

很长一段时间，孟平红都跟随在李桂莲老师身边工作，老一辈农业科研专家敬业认真、刻苦钻研的精神让孟平红耳濡目染，深受感动。在这个过程中，她学到了从事农业科研工作最珍贵的品质——吃苦耐劳。每次跟着李桂莲老师下乡实施科技项目，开展技术服务，她都认真细致、耐心指导、风雨无阻。每每回忆起和李桂莲、孟平红一起工作的场景，清镇市农业农村局种植业服务中心农技人员田梅都佩服不已："李院长、孟院长她们都是工作上特别认真负责的人，心里面随时都装着老百姓，对我们一线的基层技术人员也特别关心。给老百姓培训技术，她们从来不会迟到，讲课通俗易懂，特别有亲和力。有时候，她们两人在田里要忙一天，早上8点到，给老百姓传授技术，一直要干到晚上8点。我们怕她们身体吃不消，想着是不是先吃了饭再说，她们却说，先把老百姓主要问题解决了。李院长和孟院长甚至会把手机号码告诉老百姓，有问题随时解决。这种严谨务实的工作作风，值得我们学习！"

## 每一滴汗水都是收获

为了让蔬菜科学技术更有效、更广泛地推广应用，孟平红带领科研团队，不断摸索技术培训方式，"一对一、点带面、专家进乡村、成果进乡村、课堂进乡村"等方式都受到群众喜爱。特别是现场教学，更是吸引不少农民朋友积极参与学习。记得一次在罗甸县培训的时候，孟平红在教室里讲课，听着听着，一位老乡就跑了，到地里掰了两棵得了重病的花菜，拿来给孟平红查看，孟平红现场实物讲解，讲这个病是什么病，该怎么防治，现场农民眼睛瞪得大大地听，立刻来了兴趣。

别看现在村民们对于农技服务、培训很积极，上课很配合，但在十年前，农技推广还是有些吃力的。当时，不少村民还固守着传统种植模式，产量不高、效益不好。为了尽快推广新技术，孟平红带领团队在基层选择有基础、想转型的种植户开展示范种植，让农民实实在在看到科学种植的优势，尝到科技成果带来的甜头。如今，孟平红的团队只要下到基层，都会受到当地农技人员和村民的欢迎。

农民对技术的渴求是孟平红工作的动力之一。每年，孟平红出差的时间占到了近三分之一，在她看来，只有到基层才能了解到老百姓最真实的技术需求是什么，农业产业发展遇到的瓶颈和难题是什么，而这些才是农业科研真正需要攻克的问题，也是农科人需要努力的方向。

贵州是典型的喀斯特山地省份，也是全国唯一没有平原支撑的山区省份，耕地面积少，土地分散，农民科技素质普遍较低，发展农业机械化、规模化、现代化难度较大，农业单产低、效益差……如何解决这些难题，把蔬菜产业发展更好？怎样提高蔬菜的产量和效益，切实增加农民收入？是孟平红一直在思考的问题。孟平红说："产业的需求，农民群众对科技的需求，就是我们科技创新的方向和动力。"

孟平红带领团队率先在贵州提出并开展蔬菜"321"高效种植技术的研究与大面积示范，以贵州不同生态区19个县作为试点，念好"山"字经，根据当地的气候条件，研究出适合当地的品种和高效种植模式，制定出100多套高效种植模式，改变种植模式，提高土地利用率，大幅增加农民收入。

蔬菜产业发展离不开科学高效的种植模式，同时还需要高产优质的蔬菜品种作为有力支撑。孟平红不仅带领团队开展引种试验，筛选出61个优良品种，实现品种多样化，提高了产品市场竞争力，还带领团队培育出耐抽薹的大白菜、甘蓝、青菜、芹菜及黄瓜、南瓜、茄子、辣椒、苦瓜等优新品种。每一次育种、每一次鉴定，对于她来说都是一次考验，哪怕是遇到危险，也得硬着头皮顶上去。

2014年的春天，孟平红带队驱车前往重庆甘蓝制种基地进行品种鉴

孟平红（右二）指导团队进行蔬菜杂交育种

选。路上出了车祸，孟平红一头撞到挡风玻璃上，当场就晕了过去。医生要求住院观察72小时。孟平红深知，农作物的品种鉴选一刻也不能耽误，错过最佳时间，这一年制种工作就白费了，还要再等一年。一心惦记着制种的孟平红，车祸第二天上午就出院、下地干活了。现在回想起这件事，孟平红坦言，虽然有点后怕，但农业科研工作的严谨也容不得半点马虎和敷衍。

## 把种子牢牢攥在自己手中

孟平红常说，做农业科研工作，消耗最多的就是时间，对科技人员来说考验的是耐心和细心，试验失败，面临的就是要再等一季甚至一年，培育一个新品种花个10来年的时间是常事。作为省农科院甘蓝课题组负责人，孟平红在春甘蓝耐抽薹新品种的培育上，就花费了30余年的时间，其中用了4年多的时间，才攻破了"黔甘"系列甘蓝品种小孢子培养的技术难关，为贵州甘蓝育种开辟了一条新的道路，选育的甘蓝杂交新品种填补了贵州甘蓝无自育品种的空白，未来也将会有更多产自贵州的甘蓝新品种走上人们的餐桌。

过去几十年，全国春甘蓝种植品种大多来自中国农科院，贵州也不例外，为什么孟平红要花30余年的时间坚持培育贵州的自有品种呢？人们常说：种子是农业的"芯片"，它是农业生产的关键要素，更是现代农业发展的"生命线"。孟平红说："我们只有把种子牢牢地抓在自己的手里，贵州的农业生产才不会受外来因素影响，同时也能培育出更适合贵州当地的优质品种。种子老靠外边供应，就会受制于人。以春甘蓝耐抽薹新品种为例，它填补了贵州没有自育品种的空白，同时也因为上市早、品质优的特点，让种植户实现增收。"

采访过程中，孟平红除了农业技术之外，提到最多的就是市场，她说，不懂农产品市场供应的淡旺季规律，不分析和把握当地气候特征的农业科研人员是不合格的，只有以市场为导向，利用和发挥好当地气候优势，因地制宜研究农业产业关键技术，科研工作才有意义，才能真正解决产业发展中的实际问题。

## 眼中的这十年

如果说产业需求是农科工作的导向，那么创新就是农科人员的灵魂，用科技创新成果服务产业发展就是农科人员的使命。自2022年4月，全省启动激励农业技术人员创新创业行动以来，通过"揭榜挂帅"发布项目榜单，孟平红带领5支技术服务团队积极"揭榜"，为"三农"服务。经过

10年的发展，目前省农科院蔬菜科研团队已经拥有41名农科人员，其中博士5人、硕士23人，高级职称15人、中级职称17人。孟平红不仅亲历了团队的壮大，更见证了贵州大地上的变化。

10年前贵州省的蔬菜产量还达不到自给自足，淡季的时候，很多蔬菜还得靠外省调运，可如今，贵州基本做到周年生产、周年供应，丰富了人们的"菜篮子"。孟平红和她的团队研究的蔬菜"321"高效种植技术模式，实现一块地一年多茬轮作，提高土地利用率，增加复种指数，提高土地综合农业产出，使农民全年一亩地蔬菜生产收入分别达到3万元、2万元、1万元，大幅度提高了农民种菜收入。2021年，贵州省蔬菜种植面积1852万亩，产值达到1200多亿元，全省人均蔬菜生产收入同比增长将近10%，现在蔬菜产业已经成为我省覆盖面最广、带动能力最强、带动增收最明显的农业产业。

乡村变美了，农民变富了，农业发展了，产业提升了……这些孟平红眼中的乡村变化，折射在村民身上，那就是实实在在的增收致富。贵

孟平红被聘为贵州省巾帼农业科技扶贫专家服务团副团长

州清镇长津农业生态科技有限公司董事长吴长津深有体会："产业真真正正能够带动一方。我们来这里（贵阳清镇）之前，这个村里两层楼的楼房，说实话只有两家人。但是现在村里所有的房子都是两层三层的。10年来，给我感受最深的就是，我们的农村真正美起来、富起来、强起来了，农民转身一变就成了我们的产业工人。科研院所把好的品种、好的栽培模式传授给我们，让企业示范带动，村民看到效益了，就开始引种，实现增收。这样一来，就把农业龙头企业的作用也发挥出来了。"

## 农业科研一直在路上

看到村民们依靠科学种菜找到了致富的路子，孟平红感到很欣慰，但她说，农业科研一直在路上，未来10年她又为自己定下了更多的期许。今年已经56岁的孟平红，还有4年就到退休年龄了，可她却笑着说，只要身体可以，只要贵州的农业科技还需要她，她就会义无反顾地选择继续干下去。作为新时代的农科人，贵州农科人要继续扛起服务全省农业产业的重任，人才下沉，科技下乡，把科学技术应用到田间地头，把论文写在大地上，为我省的农业产业高质量发展提供科技支撑！

在搞好科研的前提下，培养队伍同样重要。孟平红认为，农业工作特别需要一批爱农村、爱农业、爱农民、懂农业、有情怀、有能力、有担当的农技人员，这就需要老一辈农科人继续做好传帮带工作，培养出一批能独当一面的骨干人才，这是她感到最高兴的事情。

张德军是2021年进入贵州省农科院蔬菜科研团队工作的一名研究实习员。90后的他，几乎每天跟着孟平红一起工作，就像曾经孟平红跟着李桂莲老师一样，尽管只有一年多的时间，贵州农科人的优秀品质已经深深地烙在了张德军的心里："我觉得她是榜样。记得有一次在威宁一

孟平红（右二）指导科研团队人工授粉

个基地，当时下着很大的雨，伞根本就遮挡不住雨水，孟院长湿着鞋，还在为农民进行病害的识别防治讲解。记得当时她说，能吃苦耐劳才能成为干农业的一把好手。农业有很大的发展前景，值得我们年轻人把血和泪洒在这上面。"

文：蒲亚南

关于刘芳

　　**刘芳**，1993年入职贵阳市白云区第三中学担任语文教师，26岁时被确诊为视网膜色素变性，36岁时彻底双眼失明后，转任心理辅导教师。她教书、写书，帮助贫困儿童，被称为"大山里的海伦·凯勒"。曾获"大山的脊梁——感动贵州的教师们"十佳教师奖、"全国优秀德育课教师"称号，2015年入围"感动中国年度人物"候选人，2016年被中宣部授予"时代楷模"称号，2017年被全国总工会授予"全国五一巾帼标兵"，2019年被授予 "全国最美奋斗者"和"全国自强模范"称号；2020年被授予"全国三八红旗手标兵"；2021年获评全国优秀共产党员；2022年参与北京冬残奥会火炬传递。

# 用心是"看"得见的

## ——失明教师刘芳的十年追梦路

热爱、热情、热心、接纳、慢慢。刘芳用这五个关键词注解自己已经过去的五个十年。

刘芳，是贵阳市白云区第三中学的一名语文教师，36岁那年因患视网膜色素变性导致双眼失明。凭着超人的毅力与对生活的热爱，她教书、写书、帮助贫困儿童，用一颗热忱的心照亮了身边无数人，被称为"大山里的海伦·凯勒"。

2016年11月，刘芳成为贵州广播电视台综合广播心理疗愈互动节目《爱聆听》的一名嘉宾主持人，她擅用自己对生活的独有感悟以及相关职业背景的实践经验，与听众和网友亲切交流。刘芳的耐心倾听、真诚关怀，让"婚姻矛盾""家庭暴力""沉溺赌博""青春期叛逆"等一个个

刘芳

真实个例，在节目中得到正视，让受众学会卸下重负，轻装前行。

黑暗吞没了她的眼睛，她却用爱和创作拥抱光明。中国梦十年，也是刘芳用心看世界的十年。追梦路上，刘芳是看得见的。

## 独处是自己的事

2007年，刘芳失明后独处的时间变得越来越多。最初，她觉得独处是可耻的，因为在她年轻时曾听过一首歌，歌名叫做《孤独的人是可耻的》。后来，刘芳觉得独处是自己的事，跟别人没有关系，为什么会可耻呢？她慢慢觉得独处是生活的一种方式，应该尊重各种不同的生活方式，在奋斗的时代无所事事才是虚度，才是可耻的。

随着年岁渐长，时间推移，独处变成刘芳自我修复的一个过程。从害怕自己看不见，到后来真的开始看不见，再到完全看不见，这种害怕、恐惧、恐慌、茫然伴随着刘芳独处的每一秒每一刻。独处发呆的时候，刘芳会幻想，是不是将来医学发展了，科技发达了，就会有人能治好我，我就会好起来，我又会重新看见世界了？但后来她觉得那只是白日梦，独处的时候，就是刘芳接受自己已经失明、回忆曾经

刘芳

美好过往、拥抱不完美的自己的时候，刘芳现在觉得独处挺好的。

## 力量从何而来

内心有需求就会生出力量来。刘芳说，这股力量是孩子给的。自己的孩子8个月大时，他不知道他的妈妈双眼失明，不知道他的妈妈将来会看不见他，他只会咧着嘴露出两颗小乳牙对着妈妈笑。微笑就是力量，妈妈需要他，就和孩子需要妈妈一样。

从小到大，刘芳并没有想到自己将来能走进电台，成为一名嘉宾主持人。但突然有一天，贵州广播电视台综合广播的侯莹、悠扬走进她家，问她愿不愿意做这样一档节目的时候，刘芳才突然发现，自己居然还会被别人需要！她不仅走进了《爱聆听》节目的直播间，还走进了盲人群体，接

刘芳（右）主持《爱聆听》节目

受了自己是盲人这个事实，认识了很多新朋友，这是她的力量源泉。

## 留在记忆里的高光时刻

2021年7月1日，在中国共产党成立一百周年之际，刘芳获得"全国优秀共产党员"荣誉称号，并有幸在北京天安门广场上聆听了习近平总书记的重要讲话。那一刻，刘芳热泪盈眶。当听到现场青少年震耳欲聋地喊出"请党放心，强国有我"的时候，她的内心无比骄傲与自豪，任由眼泪夺眶而出。那一刻，刘芳一辈子都难以忘怀。

2012年到2022年这十年，是刘芳收获的十年，是苦尽甘来的十年。刘芳先后获得了"中国网事·感动2015"年度网络人物、"感动中国2015年度人物"候选人、中宣部"时代楷模"、全国优秀共产党员等荣誉，每

刘芳出席中国共产党贵州省第十三次代表大会

一个奖项都印刻在刘芳的记忆深处。

跟刘芳同时入围"感动中国2015年度人物"候选人的，还有中国维和部队的军人。在活动现场，军人们要求和刘芳站在一起合影，身高只有1.52米的刘芳站在军人们中间，显得格外娇小。当他们簇拥着刘芳的时候，刘芳感到一种前所未有的安全感和幸福感。刘芳说："他们去维和，就是为了保护家中像我这样的人，这个画面让我终生难忘！"照片中的刘芳笑得像一朵盛开的花。

2016年8月26日，刘芳参加了中宣部时代楷模的颁奖仪式。这一天正好也是刘芳的生日。主持人敬一丹在颁奖现场曾问刘芳，假设能给她一天的光明，最想看到什么？刘芳回忆说："当时我回答，最想看看我儿子长成什么样子了，因为从他10岁开始，我就不知道他长什么样了。这时候我儿子就突然冲过来，给了我一个拥抱。我能感觉到敬一丹牵着我的手是颤抖的，然后她就啜泣起来，无法言语。后来敬一丹停下来对我说了一句对不起，就到后台去补妆了。"同是女人，同为母亲，这种感动让刘芳无法忘怀。

## 刘芳眼里的自己

失明之后，刘芳先后完成了两部长篇小说《石榴青青》《花开十年》和一部散文集《慢慢想》。在这三本书里，我们可以看到刘芳的青春、豁达、智慧、从容与爱。

这三本书出版之后，刘芳自己回头去读，还会再次感动，觉得自己"好有用"，居然写下了这么长的故事，其中一本是17万字，一本有28万字。这些故事讲的都是刘芳身边来来往往的人和事，每一段经历都有颜色，有情感。想起这些故事，刘芳常常开心得要为自己点赞。

有人自告奋勇要读书给刘芳听，有明眼人读，也有盲人读。刘芳从另

刘芳

外一个人的声音里去聆听自己的故事,觉得很奇妙。这种感觉就像被无数人看见和读懂,只可意会不可言传。原来,人和人之间的连接这么奇妙,生命可以这么丰富!

## 刘芳眼中的李柯勇

2017年,第一部描写刘芳的图书问世了——时任新华社总编室融合发展中心副主任的李柯勇采访并撰写了《中国大山里的海伦·凯勒》。经历半年的采访,刘芳与李柯勇慢慢熟识,她从最初不愿接受这个书名变得喜欢这个书名。

刘芳觉得李柯勇稳重、大气、成熟、高大魁梧又英俊,思想特别丰富,有担当。李柯勇以前采访的都是较大的主题,比如汶川地震、楼盘坍塌等等,他每次都是深入一线去采访,是一个用生命去印证真相的新闻人。因此刘芳觉得李柯勇特别了不起。

在采访刘芳期间，李柯勇每天早出晚归，一整天都跟着刘芳问这问那，刘芳觉得非常疲惫。于是在连续采访进行到第五天的时候，刘芳叫他不要再问了！李柯勇俯下身拉着刘芳的手说："芳姐，我在新闻媒体工作这么多年，曾拿过全国五一劳动奖章，我还能再问你一个问题吗？"他这个举动，让刘芳非常感动，刘芳无法拒绝一个爱岗敬业的新闻人。那一刻，在李柯勇身上，刘芳看到了新闻人的责任与担当。后来读了李柯勇写的这本书，刘芳感到这个世界上还是有人懂她的。

### 借你的眼

借你的眼，让我望一眼黄昏柳梢上的月，它等了我一年又一年。借

刘芳

你的眼，让我看一眼碧波清池里的月，它还是当年淡茶里的烟。借你的眼，让我知道你还是那一轮明月，照出一个树影儿人影儿，我就不再寂寞孤单。

啊！谁肯借我一双眼，让我穿过世俗的目光，重温那曾经小聚时的欢心喜悦。那时候，你还在我的身边，我还依稀看得见！

——刘 芳

刘芳在小说的前言中写过一句话："一条河，在地面奔腾时是一条河，在地下流淌时还是一条河，最后它们都奔向了大海，在那里它们的灵魂是平等的。"花开十年，花香清远。当命运给她关上一扇门时，她用自己的努力开启了另一扇窗，在这一份光亮与温暖里，光照自己，光照他人。

追梦路上，刘芳看得见！

文：周 茜

关于罗应和

　　**罗应和，**贵州省黔南布依族苗族自治州惠水县明田街道新民社区党支部书记、居委会主任。2019年9月20日，获得2019年全国脱贫攻坚奖奋进奖。2021年6月28日，被中共中央授予"全国优秀党务工作者"称号。2021年6月28日，被表彰为贵州省优秀党务工作者。2021年6月29日，被中共黔南州委表彰为"黔南州优秀党务工作者"。

# 甘做搬迁社区的勤务员

## ——"兵支书"罗应和的安居梦

　　贵州是全国搬迁规模最大、任务最重的省份，贵州192万易地扶贫搬迁人口是全省贫困人口的三分之一，是全国易地扶贫搬迁人口的六分之一。罗应和与那些老乡们是幸运的，他们是不甘落后，更是团结奋进、拼搏创新、苦干实赶、后发赶超的！

2019年全国两会期间罗应和（右）接受采访

罗应和在受访时不停地接电话

4年前全国两会时，记者在北京第一次采访了罗应和。他穿着社区生产的衬衣，手拿照片在会场讲述老乡搬迁的故事；节目中，他唱着苗歌、写下文字，表达信心与希望。2020年全国两会，他穿着社区扶贫车间生产的衬衣和裤子，阔步走进人民大会堂，跟随他前往北京的还有社区扶贫车间生产的文创产品——"唐娃娃"。后来，每年采访他成为一种赴约，而且让记者有听不完的新故事：易地扶贫搬迁让他与6116位老乡住进了新家，搬得出，稳得住，还要能致富！得益于东西部协作，广州荔湾区对口支援这里，他说这是真金白银的帮助，如山海般情深。新建的长幼日间照料中心，老人们坐在一起聊天、看电影，一位83的奶奶还在纳鞋垫，社区负责回收销售，每双可卖40元，她已经做了200多双。另外，随着最新一批190余万元的资金帮扶，让原先50多人的扶贫车间成长为如今300多人的专业企业，而且还解决了80多位残疾人的就业问题。先锋队建在制衣生产线，曾经的贫困户也通过自己的努力奋斗，每月能挣7千多元！记者问他，这些国字号的荣誉，对他而言哪个分量最重？他说是全国优秀党务工作者。那枚佩戴在他胸前的党员徽章，因为磨损显得有些旧了，可是依然发出不可阻挡的信仰之光。

记者最近一次采访罗应和，是在他不停接电话的过程中完成的，电话内容大到住建局对整个社区管线的升级改造，小到办公电脑的更换询问。那天，他接了90多个电话。

罗应和获得的各种荣誉证书

曾有一刻，他的眼中噙住了泪水。又聊到1998年的夏天，他在九江参加抗洪抢险，连续奋战了一天一夜，首长宣布可以休息20分钟，结果他套了个编织袋，站着睡着了……说到这里，罗应和回忆的眼眸转为哈哈的纯朴笑声……

## 搬家，更要搬心

斗底村，位于贵州省贫困程度最深的麻山、瑶山、月亮山"三山"地区，属于不通水、不通路、不通信的"三不通"地带。大山深处，土地贫瘠，且地少人多，使得很多群众生活困难，住房简陋，生计难以保障。斗底村所属的岩脚组，就是罗应和曾经的家。

罗应和回忆："原来住在山里，家是木质房。用我的话来形容，就是'风来风扫地，月来月点灯'。孩子上学要走很远的路，天蒙蒙亮，孩子就要起床了，还没时间吃上一口饭，就要出门赶路，如果不抓紧，有可能就会迟到。大人们走一个小时的路程，孩子们要走一个半小时。遇到下雨天，结伴上学的孩子们走不动了，在路上就找个岩洞避雨，孩子们如果只顾躲雨，又可能会迟到。"

2015年6月，习近平总书记在贵州考察调研时强调，要对"一方水土养不活一方人"这种地方的贫困人口实施易地搬迁。2015年11月，习近平总书记在中央扶贫开发工作会议上向全国发出了易地扶贫搬迁动员令。

随即，易地扶贫搬迁政策的"东风"，吹遍了全国贫困地区，也吹进了斗底村。拔掉穷根，过上好日子，是村民们的共同心愿与梦想。

作为全国搬迁规模最大、任务最重的省份，贵州深入贯彻落实习近平总书记对贵州脱贫攻坚工作系列重要指示精神，全力推进易地扶贫搬迁工

惠水县明田街道新民社区

移民社区医院

作，坚决打赢脱贫攻坚战。2016年3月，惠水县委、县政府决定将岩脚组全组群众搬出大山。

喜讯传来，罗应和既高兴又发愁。高兴的是，他和村民们深深地感受到"党的政策就像父亲的关心一样亲切"；发愁的是，村里有威望的老人都不想搬，不愿搬。

搬还是不搬？不搬，意味着留在大山里生活，贫穷代际传递。"搬肯定要比不搬好！"于是，罗应和主动走家串户，了解实际情况。原来，老人们顾虑的，一方面是若大家进城找不到事干，如何养家糊口？另一方面是住进楼房，风俗习惯会不会丢，新环境能不能适应？

掌握情况后，罗应和与扶贫干部对症下药，先对党员做思想动员工作，再分别向较有威望、在村里"说话比较管用"的老人宣讲政策。通过耐心细致地做工作，全组村民的思想都渐渐转变，从不愿搬迁变为主动搬迁。

2016年7月，包括斗底村岩脚组在内的58个村寨的1109户、4685名村民，搬进了惠水县明田移民安置点——新民社区。搬迁一代人，幸福几辈人。搬入新家后，村民群众喜笑颜开。

新民社区共安置搬迁群众1410户、6116人。人住下了，如何让心留得下？"这是我首个工作目标"，罗应和说。

为将易地扶贫搬迁群众"扶上马、送一程"，罗应和带领社区"两委"，积极推进各项后续扶持政策落地，盘活承包地、林地、宅基地"三块地"资源进行入股，让群众享受入股分红。同时，深入做好群众的就业

罗应和在扶贫车间

服务，推荐群众到周边企业务工，建立了社区医院，解决群众看病难的问题。

搬迁群众就医和子女就学怎么办？社区陆续配套建设了惠民小学、惠民幼儿园。配合民政、卫计、人社等部门开展便民服务，做好搬迁群众的低保、医保和养老保险"三保"的衔接，实现城乡并轨。

为了让乡亲们有家的温暖，罗应和想了很多办法。着力推进建设社区经营性服务性场所、"微田园"等农耕场所和老年人活动中心等公共服务场所，建优"三所"服务促进群众安居乐业。用活集体经济、社区管理和群众动员"三个联动机制"，推行网格化管理，实现搬迁群众在新家园能找到家的归属感。

扶贫要扶志。罗应和回忆，刚搬过来的时候，群众当中有酗酒的、骂街的、当懒汉的，如何解决这些问题，考验着罗应和与他的社区管理队。针对酗酒的情况，罗应和说："白天不去他家，因为他都已经喝酒醉了，去了也是白去。我就等到天蒙蒙亮，小孩子准备上学的时候再去。首先叫醒他，那时候他头脑是最清醒的，也是最能把话听进去的时候。了解他酗酒的原因，打开他心里面的防线，我就知道了他的心里藏着什么。我关心他，他就觉得他多了一个亲人。人是有自尊的，他就会反思，他就会听我的话。听我的话就好办了嘛，这些都是方法。"

回忆起这些，罗应和用一首苗歌唱出了对故土的不舍和对未来的期待：（歌词大意）我们远方的朋友，家乡的亲人，兄弟啊，兄弟我们坚定一个信心，一起走出去，不管风多大，雨多大，我们坚信就是一只树丫，在风里雨里我们一起成长。无论走到哪，哪里就是我们的家。

## "后半篇文章"要书写好

搬得出，还要稳得住。在罗应和看来，村民群众要脱真贫真脱贫，过上幸福生活，还必须努力奋斗，最大的难题，就是如何解决就业问题，让大家有事干，有稳定收入。

为此，罗应和积极对接企业，但收效甚微。有一次，罗应和把35名群众送到惠水县经济开发区的一家企业面试。刚一进门，该企业负责人就对他说："小罗，你带来的人，不是我不想要，而是有很多问题，我不敢要。比如，不守规矩，三天两头请假；个人素质跟不上，连走路都要教；不讲卫生，两手一捏，鼻涕就甩到公司墙上。这样的员工叫我们怎么接收？"

"一席话，说得我很想哭！可我没哭。"

"搬出大山，我们有什么资源可用？有什么优势？"搬迁群众找不到合适工作，罗应和十分着急，常常彻夜失眠，反复地问自己。

琢磨来琢磨去，破题思路逐渐清晰："其实，我们最多的资源、最大的优势就是人！"他萌发了

扶贫车间外景

对大家进行分批分类培训的想法，要把人力资源劣势转化为优势。

说干就干，罗应和同社区干部立即筹备课室，给培训机构起了一个通俗易懂的名字——移民技术技能培训夜校。

首期夜校开班前，罗应和对参加培训人员的文化程度进行了摸底测试。结果一出来，极为不理想。初中以上文化的占三分之一，小学文化且动手能力较好的占三分之一，剩下的处于文盲或半文盲状态，甚至连笔都拿不稳。有的群众说："宁愿扛锄头，不愿进校门。"

恰恰是不理想的结果，更加坚定了罗应和开办技术技能培训夜校的想法。"培训目的是要让搬迁群众加强思想认识，长志气增信心；改正陋习，掌握一技之长；在搬迁社区找到归属感，引导群众把心和民族文化也搬进来。"

为增强分类培训效果，罗应和把过去在部队里学到的方法应用到培训中。比如，在保安培训班上，他教大家站立军姿，要求严守纪律，整齐划一，听从指挥，发挥团队作用。

汗水和努力没有白费，辛勤付出换来回报。第一个培训班结束后，罗应和带着培训合格的38人，再次到之前经济开发区的那家企业面试。没有想到的是，38人全部被录用。

随后，参与夜校培训的人越来越多。除此之外，罗应和充分用好身处惠水县经济开发区的区位优势，结合岗位需求和求职意向精准向社区周边企业推荐群众就业。2020年，依托平台推荐成功就业685人。开设了省外务工"点对点"交通站点，积极引导社区劳动力外出务工就业。目前，社区劳动力在省内和县内务工就业2269人，省外务工就业589人。引进了制衣公司入驻社区，解决了搬迁劳动力就业100余人。创办了社区民族手工艺扶贫车间，传承发扬民族传统文化，解决劳动力不强的搬迁妇女就业70余人。建设新民社区农贸市场，提供200余个摊位解决"微创业"需求。成立了社区劳务公司，组建了保安、保洁队伍，解决了87名搬迁群众就业。申请公益性岗位，解决了136名弱劳力、半劳力搬迁群众就业。帮助申请创业扶持，解决了50余户创业就业……不但如此，罗应和还带领社区采取了季节性灵活就业策略，积极对接社区周边的茶山茶场、花卉苗木基地等，在用工繁忙季节，每天组织带领上百名群众参与务工，务工群众每天收入能达到80~200元。

得益于东西部协作机制，广东省广州市荔湾区对口帮扶贵州省黔南州惠水县，罗应和与搬迁的老乡们尝到了政策带来的甜头。新民社区的扶贫车间也从最初的1个发展到现在4个，人数从最初的50多人发展到300多人。罗应和自信地说："我就想让大家能在家门口稳定就业，稳就业、促增收、能发展才能留得住。"

在扶贫车间的门口，每个月都会展示"最佳生产能手"的光荣榜，曾经建档立卡的贫困户，如今在扶贫制衣车间每月最高可拿到7000多元的工资。罗应和坦言："我们就是要让工人们相互学习，相互促进，共同致富。"

扶贫车间"最佳生产能手"光荣榜

扶贫车间内景

在扶贫车间里，张贴了一些标语——"车间建在家门口，脱贫致富好帮手""增强员工健康意识，共创车间辉煌业绩"。罗应和说："这就是我的理念。关于健康的理解有很多，在我看来大家在一起工作就要相互尊重，相互关心、关怀，这是一种工作环境的健康。员工健康，车间就和谐，这也是一种健康。你看我们的工人干劲很足，每个人都是争先恐后拼着干，这就是一种精神状态。另外，品质在我们心中，客户在我们心中，我们需要这样的理念，客户提出来的我们就要调整，这样才能让企业发展得更好。最后，企业能够带动群众就业，同时也带动整个社会发展，也能为我们整个社区解决就业的问题。我们不仅解决了社区的就业，周边村寨的一些群众也到这里来就业。除此之外，我们还解决了80多名残疾人的就业问题。这就是健康意识，产业的力量。"

## 三真、三有、三要

关于如何做好社区的大家长和勤务员，罗应和总结了 "三真""三有""三要"，即：真情、真爱、真诚；心中有数、目中有人、解决问题有招；脚要沾泥、身段要软、嘴巴要硬。

罗应和解释道，"真情——对社区所有的居民，无论是谁，都要把他当成自己的亲人；真爱——首先要爱自己的工作岗位，尽管很平凡，尽管很繁琐，但是自己首先得要热爱它。如果自己都不爱，你的工作是被推着走的，没有主动性，就没有情怀；真诚——真心诚挚地去做好这些工作，要有诚意。

心中有数——你是社区党支部书记，你是整个大家庭的主管，如果你心中没有数，人家说什么，你就听什么，就说明你做的是'甩手掌柜'，不务实，你就不清楚每家每户的情况，要有数，这个数必须要精准；目中有人，见到老年人要喊，做事要公平公正公开，要相互尊重。倘若你高高在上，你这个支部书记是做不好的；解决问题要有招——早预判，要知道我们的群众想什么、需要什么，接下来会干什么，如果没有预判好，就会出问题。

脚要沾泥——我们不要怕辛苦，要接地气；身段要软——作为一名支部书记，要懂得尊重他人，该弯腰就得弯腰，要善于学习别人的长处，总结成自己的经验；嘴巴要硬——做事一定要把握原则，不要随便承诺一些做不到的事，一旦承诺了做不到，到头来群众不光失望，还要和你对着干，说了空头话，放了空头炮，群众对你的信任度会大打折扣"。

走在新民社区里，罗应和会主动与每一位社区居民笑着打招呼，每一位居民也都会第一时间回应他："罗书记。"这是一个1410户、6116人的社区，要处理的大小事务自然很多。罗应和坦言："也并不是每一个人都能叫得上名字，但不管事情再小我都管，非管不可，不管不行！如果这里不管，那里不管，到最后留下了一大堆问题更不好管。要循序渐进地，一如既往地去抓，常态化地去抓，重在坚持。不需要做什么惊天动地的大事，把这些小事做好，坚持把它做好，慢慢地形成规范，一切就会变好。"

## 信仰的光芒在心中

2008年，罗应和成为一名中国共产党党员。之所以想要入党，源于他之前投身军营的经历。1997年12月，罗应和应征入伍。1998年前往了江西九江参加抗洪抢险，那时他感受到了党和国家、部队守护每一位老百姓的真情。他说，现在这种不怕苦、敢试敢拼的性格，既是自己骨子里带来的，更是在部队锤炼形成的。

在新民社区，说起党建引领，罗应和眼里泛光。罗应和与社区干部奔走在社区楼栋间，积极为群众提供服务，不断探索、完善解决群众"急难愁盼"问题的有效途径，尽量让群众少跑腿。新民社区创新推出"四单一档"的服务模式，通过实行"群众点单、社区派单、党员干部接单、组织晒

罗应和接受采访

单"，让党员上门服务，引领搬迁群众从身份、工作、生活、心理上快速转变，形成社区牵头、党员出谋、群众参与公共建设的良好氛围。在党员管理上，新民社区党支部实行"一人一档"，记录党员日常工作情况，并作为年度考核、评选先进的重要依据，激发党员主动为民服务的意识。

日常着装，罗应和总会在胸前佩戴一枚党徽。他说："作为党员，要时刻把党装在心中，要把党徽佩戴在最醒目的位置，这是一种形象，也是一种决心。党徽在，力量就很足，这是一种信仰的力量。"

文：魏玉玺

关于喻川

喻川，1977年生于贵阳。全国云计算大赛冠军、米其林全球交通挑战赛冠军，带领团队在智能制造领域开发了45项专利，长期从事机器人及智能制造相关研发工作，曾开发无人机、3D打印设计软件，完成了AAM（AI设计算法模型系统）与RTM（无模具金属成型）等技术创新项目，作为负责人承担国家级项目3项、省部级项目4项，取得了一系列技术创新成果。现任贵州翰凯斯智能技术有限公司首席执行官。

# 从贵州出发无畏前行

## ——喻川的无人驾驶梦

### 兴趣是事业热情的源泉

喻川的父亲是建筑师，舅舅是程序员。早在20世纪80年代，家里就有了微型计算机。

在普通家庭的家居用品还是"四大件"的时代，家用计算机可谓是稀罕物件。这让喻川对电子计算机产生了浓厚的兴趣，因此自学计算机软件编程，也逐渐喜欢上了机器人。

受父亲的影响，他大学的专业是建筑学。

人们说，建筑师是一群奇奇怪怪的人，因为他们既懂高等数学，又会美术，还会三大力学。喻川则是"怪中之怪"——除了这些，他还会编程，平时特别喜欢拉着别人聊机器人，堪称跨界怪才。

当人们问起他为什么要学那么多时，喻川说："人生就要多线作业，给自己发展几条支持系统。我坚信成功靠的是并联，不是串联。"

带着这种认知，喻川离开干了十年的建筑行业。

2012年，喻川拉着14个志同道合的伙伴，从10张桌子起家创业，起名"Flex"，代表着"灵活、多变、可伸缩"。

成立那年，Flex团队成了中国第一支进入"美国科技风向标"——全美SXSW峰会的创业团队，获得《失控：机器、社会与经济的新生物学》作者凯文·凯利（KK）、美国《连线》杂志主编克里斯·安德森等硅谷

"大佬"的肯定，并荣获2012年盛大云计算大赛"最具投资价值奖""最佳创意奖"。

2013年，贵州抢先布局发展大数据产业，三大电信运营商相继在贵州建立大数据中心。喻川知道，这是一个风口，但想要被吹起来，得有对应的成就。

同年8月，他在Kickstarter众筹平台上发布HEX迷你飞行器，获得了巨大成功，成为Kickstarter平台上最成功的亚洲项目。

HEX飞行器

通过这个项目，他在Kickstarter平台上众筹到56万美元，并在美国注册了Hex Airbot INC公司，同时在贵阳高新区成立了贵州翰凯斯智能科技有限公司(以下简称"翰凯斯PIX")，正式进军机器人研发制造领域。

两个月后，喻川带领公司加入Fab Lab 国际数字制造组织，成为其中唯一的中国成员。

## 梦想打造移动的"黄金地段"

在翰凯斯PIX成立前，在建筑行业打拼的喻川看到大城市交通拥堵、房价昂贵、部分工种工作环境差，就希望通过新技术去改善城市面临的这些普遍问题，让"黄金地段"变得可移动，让人们可以在舒适的环境中工作，但他不知从何下手。

天才与疯子之间，往往只有一线之隔。

面对自己"疯狂"的设想，喻川感到很无奈：总不能让人扛着城市的"黄金地段"到处跑吧？

翰凯斯PIX成立那年，斯坦福大学、谷歌、意大利的帕尔马大学、沃尔沃、奔驰、特斯拉等机构和企业相继证明了自己的无人驾驶能力，公众对自动驾驶设备的兴趣逐渐生成。也给喻川带来了启发：人不能扛着"黄金地段"跑，但车却可以载着"黄金地段"的货物到处跑。

Flex PV概念图

时代帮喻川打开了自动驾驶这道门，也顺带帮他打开了进入汽车行业的窗。2014年6月，喻川带领团队设计开发一款新潮、低碳、简便的短途个人交通工具套件——Flex PV (Flex Personal Vehicle)。这是他第一次接触交通工具的设计，却获得了米其林全球必比登挑战赛的全球冠军，并于2015年4月获得了被称为"工业设计奥斯卡奖"的红点设计奖。

那时，他还不确定无人驾驶技术最终能否实现，也未料到共享经济会成为接下来的时代潮流。但就那么莫名其妙的，他把无人驾驶技术和共享经济联系了起来，并加入了自己的设想——让载着货物的无人驾驶车成为移动的"黄金地段"。

## 转战汽车行业

为了实现自己的梦想，喻川调整了公司的发展方向，转向汽车行业。

喻川说："刚进入汽车行业时，真的有太多不了解的地方，但就是这份未知，让我大胆干，朝前走。"

人才问题、技术难题、基本的产品构想等，都是摆在喻川面前的难题。

思索过后，喻川决定沿用公司之前采用的"众包"方式，将产品有待解决的技术难题，以外包的形式转接出去，由个人承接并完成所需要的产品，再交回公司。

尽管采取了"众包"的方式，但还是不能解决所有的难题。喻川又创建了一个"开发者社区"，他在这个开放的平台上组织全球性的活动，吸引同行精英前来参与，以此发现并招募能帮自己解决技术难题的人。现在喻川的公司中有超过6成的员工，都在技术开发的岗位上。与此同时，他自己也在不停地学习。

从2018年至今，喻川的团队已经举办了5次"黑客马拉松"活动，先后邀请到200多名工程师来到贵阳参加活动。其中有来自宝马工作室的顶尖汽车设计师马迪欧，有来自杭州的机械臂设计师和四忠，还有来自美国、日本、巴基斯坦、印度等国家的工程师。他们还在全球范围内多次组织"无人驾驶全球挑战赛"吸引人才。

作为公司的CEO，喻川把多个重要环节都交到了别人手上，这是一件风险很大的事情。但他觉得，要直面自己的人生，当需要抉择时，最重要的不是别人的看法，而是自己内心深处最真诚的声音。

他选对了！

对于产品，喻川坚信，每一个好产品都是一个良好的解决方案，例如他们第一次获奖的无人机，就是为了帮他们解决下楼买烟的任务而设计出来的。

"汽车未来不单纯是一个交通工具，它是一种移动的能力，可以载货、载人，也可以运载服务、搭载空间，成为智慧城市的一部分，重要的基础设施。"喻川认为，自动驾驶将汽车变成车轮上的移动空间，这会是

翰凯斯PIX的各类移动空间展示

翰凯斯PIX的无人车产品矩阵

新一代造车企业与传统车企重要的差异竞争点。

在移动空间的概念下，喻川认为不能满足于从传统汽车出发进行智能升级改造，"这其实在走弯路，我们需要全新的结构去满足移动空间的需求。"

想要造出移动的空间，就必须从底盘着手，因为这是汽车的核心所在。"超级底盘"＋不同功能的上装容器，就是一个个不同的移动空间。

有了充分的准备和科学的规划，喻川的团队很快就获得了成果。

2016年5月，喻川带着最新成果——咖啡机器人、语音识别模块等项目原型受邀到硅谷参加全球规模最大的创客嘉年华Maker Faire，并成功走向市场。同年实现电动轮、控制器、电池"三电系统"成功在汽车底盘上"嫁接运用"。

2017年之后，喻川又在这套"三电系统"上增加了智能系统，采用AI（人工智能）驱动的生成式设计和金属3D打印技术，实现了数字化大规模柔性生产，全球第一个自动驾驶通用底盘在贵阳问世，可应用于物流、零售、观光车、地产等方面。

再回忆这段过往时，喻川说："当你是一个创业者的时候，就会挖空心思，从不可能中寻找可能，让这件事成功。"

## 成为无人驾驶领头羊

2018年，中国信息通信研究院公布《中国数字经济发展和就业白皮书》，显示2017年贵州数字经济增速为37.2%，位列全国第一。作为大数据智能产业，翰凯斯PIX搬进了贵阳国家高新技术产业开发区贵州科学城5号厂房。在这个占地2000多平方米的场地内，喻川建新建了3D打印车间和智能制造生产线。

喻川说，他们的智能制造生产线由人工智能的算法来驱动，可以自动地规划机械臂的运动轨迹和工艺参数，是一种全新的生产方式。

这种方式，源自大洋彼岸。

2019年，喻川和他的团队受邀在世界著名的工业软件公司Autodesk的旧金山技术创新中心进行无人驾驶研究与交流。在那里，他们亲历了首次运用3D打印技术制造无人驾驶车辆的过程。

这是一次历史性的突破，设计师们通过AI驱动的生成式设计，可以把电动车主体结构部件总数减少到传统方式制造的百分之一，仅需90个工时就能完成一辆车，直接减少50%的生产成本，遥遥领先于其他同类产品。

在国际上的话语权源自于技术的先进性。研发完成后，奥迪全资子公司Italdesign第一时间向翰凯斯PIX递来合作的橄榄枝，谋求联合开发乘用车级别的超级底盘，进军国际市场。

那一天，喻川发了一条微信朋友圈："没有海运、没有关税，仅通过网络传输制造工艺及产品文件，探索全新的国际贸易。"

至此，冲锋号已吹响，跨越式发展的奇迹即将诞生。

翰凯斯PIX研发的全球第一款3D打印自动驾驶滑板底盘

接下来的7个月时间内，喻川接到了来自美国、意大利、法国等7个国家的订单，合作单位涵盖物流、教育、安防、环卫、矿业等11个行业。翰凯斯PIX的23款多功能低速无人车型大受欢迎，销量增幅以月平均超过200%的速度迅猛增长。

同年底，贵阳市正式将贵阳高新区的部分区域划定为贵州省首个自动驾驶开放道路测试区域，这为翰凯斯PIX开展无人驾驶测试打开了"方便之门"，让翰凯斯PIX成为贵州无人驾驶领域的领头羊。

回想发展之路，喻川感慨地说："公司的每一次进步，都与贵州良好的人才创新创业环境分不开，每当遇到困难，相关部门都会及时帮我们解决。"

## 无人驾驶小巴诞生

马斯克曾说："相比于汽车，工厂是一种更性感的产品，从长远来看，特斯拉的核心竞争力是工厂，而不是汽车。"

英雄所见略同，翰凯斯PIX的理念和马斯克一致。

在搬到新的工厂之后，翰凯斯PIX就建立了自己的生产线和对应AAM（AI设计算法模型系统）与RTM（无模具金属成型）的新型设计与制造技术，可以实现参数化设计，又能够兼顾用户对于汽车的个性化需求，还能满足量产需求，不用开模具就能快速生产。

运用这套工艺，不到一年时间，翰凯斯PIX的无人驾驶小巴Robobus于2022年在贵阳观山湖公园试运行成功。若按照传统的汽车开发模式，Robobus的开发至少需要2-3年才能完成。

和传统小巴不同的是，Robobus以空间属性为主导，去掉了方向盘、

翰凯斯PIX的无人驾驶小巴（Robobus）

脚踏板以及后视镜等机械部件，获得了更大空间。

为了保障运行安全，Robobus在线控底盘部分设置了3套安全系统，当系统检测到一个控制器失效，另一个控制器可以激活其他安全系统，提供基本功能候补；在核心算法上，Robobus采用了多传感器融合模式。为了配合这套算法，Robobus配置了4个激光雷达、1个超高性能的超声波雷达探头、2个毫米波雷达、14个摄像头，配合高精度地图，可以完成对复杂道路信息的感知，为乘客提供舒适、安全的体验。乘客只需在手机上下单，就可以召唤一辆无人驾驶小巴，享受其带来的舒适和便利。

至此，汽车产品形态被重新定义，商业价值也将以更多维度展开。

## 怀揣梦想，无畏前行

从第一次众筹，到2021年获得勘设股份的融资和其他融资，翰凯斯

翰凯斯PIX团队部分成员（右一为喻川）

翰凯斯PIX团队

PIX用了7年时间。Robobus诞生之后，仅过了6个月，翰凯斯PIX便获得了日本TIS株式会社的A1轮投资。

2015年6月17日，习近平总书记来到贵阳大数据应用展示中心考察，听取了贵州大数据产业发展、规划和实际应用情况介绍。喻川作为在现场的企业负责人之一，当面向习总书记汇报了自己的梦想。

这7年里，翰凯斯PIX的研发团队从最初的14个人发展到如今的200多人，从居民楼里的办公室搬进了独立的7000平方米的大厂房。

如今的他们，已经可以扬帆远航，驶向世界的每一个港口。

文：张　婷

关于斯凯威

　　**张睿昕，**贵州人，航拍导演、特种摄影师。2008年开始从事特种拍摄工作。2017年负责中央电视台《新闻联播》大年三十夜首次航拍直播拍摄。2019年担任《航拍中国》第三季无人机导演。2019年获中国无人机影像大赛年度总冠军。2022年负责中央电视台央视新闻"巅峰使命"珠峰科考冲顶现场直播，担任电视剧《战上海》航拍指导。现为贵州斯凯威科技有限公司董事长。

　　**王迅，**贵州人，澳大利亚阿德莱德大学信息技术专业硕士。2005年归国创业，获12项国家实用新型专利、2项国家外观设计专利、7项软件著作权。曾参与"云上贵""移动天眼""VR贵州""贵阳市人民大道三维建模"等项目。2016年获得"贵州省工人先锋"称号。现为贵州斯凯威科技有限公司法人，担任公司无人机研发团队主要设计工程师。

　　**郝淳，**贵州人，毕业于北京吉利大学机械工程及自动化专业，高级工程师。长期从事VR航拍无人机、消防无人机、大负载灭火无人机的开发工作。曾参与2015年央视"春晚"片头《春节序曲》、2016年央视新闻《跨越伶仃洋——港珠澳大桥成功合龙》、2017年中央电视台《还看今朝》、2018年央视"春晚"贵州分会场直播的拍摄，2021年负责电视剧《大决战》的航拍工作。现为贵州斯凯威科技有限公司技术总监。

# "贵阳合伙人"的天空视野
## ——斯凯威团队十年飞行梦

　　2015年羊年"春晚"的片头和央视的报道，让很多人认识了斯凯威团队。从抗战公路二十四道拐、梵净山、黄果树大瀑布、平坝樱花等景点的拍摄，到贵阳、黔东南、黔西南、铜仁、安顺等地的城市宣传片，都有他们拍摄的镜头。而镜头背后的斯凯威团队，也让人很"迷"：迷路、迷失、着迷。

　　"迷路"——贵州斯凯威科技有限公司坐落于贵州省贵阳市观山湖区诚信南路，即"贵阳国家高新区"。要从这里的近1400家技术企业中找到

贵州省无人机实训基地

斯凯威团队进行《大决战》的航拍工作

"斯凯威"的具体位置，不算容易。十年前的"高新区"还是大片的空地，斯凯威团队经常把无人机带到楼下进行演练；而今"高新区"高楼林立，早就没有了安全飞行的条件，从这里起飞的斯凯威也找寻到了更广阔的天地。

"迷失"——走进斯凯威前台，没有向你微笑的小姐姐，而是一个30多平米的设备仓库，里面摆满了上百件拍摄用的"长枪短炮"，还有几台叫不上型号的大型自制无人机。仓库里还有一台100寸的高清电视，循环播放着斯凯威团队近期拍摄的8K贵州风景大片，站在电视前，高速飞行拍摄的画面会让你感觉身临其境，甚至在穿过悬崖峭壁时会下意识躲闪，更为惊叹的是，从大型无人机的高速视角看贵州是如此的波澜壮阔。

"着迷"——平均年龄30多岁的斯凯威团队，虽然很年轻，但也有很多故事。2022年7月，斯凯威团队技术总监郝淳，带着无人机勇闯无人区。拍摄任务听上去很"简单"——马的眼睛里反射出来的雪山全貌，但操作起来很难，因为马的眼睛是球面，很容易把摄像机也反射出来，为了镜头不穿帮，郝淳背着拍摄设备，牵着马，上雪山寻找完美角度。

这样的故事还有很多，毕竟斯凯威已经走了十多年，还有值得憧憬的下一个十年。

## 前身叫"黔景"，前景未可知

2008年，正在北京吉利大学学习汽车设计的郝淳，在北京的各种车模竞赛、车模论坛异常活跃，他乐于把自己制作模型的过程发到论坛上分享，也乐意和"同路人"多聊几句。也就是这个过程中郝淳认识了同为80后的王迅。两人志同道合，又因是同乡，更是彼此珍重。通过聊天，郝淳得知王迅从澳大利亚留学归国后，回到家乡贵阳创业——和伙伴张睿昕开了一家航模店，但这门生意不太好做，因受众面窄，且动辄几千块的车模价格昂贵，所以圈子不大，重在研究和娱乐，偶尔参加全国性的竞速比赛来证明自己。这些信息，打开了郝淳新世界的大门，原来家乡贵州也有一群人喜欢航模，虽然加起来只有二三十个人，也足够稀罕了，于是郝淳就

斯凯威团队拍摄纪录片

萌生了毕业后回到贵州的想法。

郝淳的爷爷奶奶是从北方迁移到遵义的"三线工人",从小就接触机械的他之所以前往北京求学,就是希望能有更多的资源、人脉和平台,所以毕业后回到贵州不算是一个明智的选择;王迅和张睿昕也同样如此,他们已经去过更广阔的天地,那里有资源、有条件、有信息渠道。

斯凯威团队在进行航拍工作

因为国内一线城市或国外,拥有相对成熟的市场环境,聚集着顶尖的玩家,他们会把自己对车模、航模的研究成果开源分享。

三个人同为80后,但也有年龄差距,却又前前后后地选择回到贵阳。和许多故事一样,自然有家人的不理解,甚至是对抗。2010年,郝淳毕业后还是回到了贵阳,和王迅、张睿昕组成"贵阳合伙人"。谈及最重要的理由,三人都不约而同地回答:天气,贵阳的气候太宜居了!

天时、地利、人和。2010年的贵阳,对于年轻的"科技迷"来说,除了宜居的气候,离家不远,其他的条件并不算友好。但谁也没料到,自由、任性的选择,恰和贵州"黄金十年"的脉搏紧紧相连。

2008年到2011年间,斯凯威团队的公司名还叫"黔景",但当时的前景有点渺茫,虽然航模店本身也不是冲着赚钱去的,但是高额的房租,相对"硬核"且昂贵的机械模型,还是"劝退"了不少人,"吃饭"成了团队的大问题。这期间,三个合伙人也尝试过飞机模型、DIY制作等,但是用户群体始终维持在100人之内。在圈子难以扩大的前提下，斯凯威和客户交流，也不只是买卖，更多的是科普和研究。连"技术出身"的郝淳自己的飞机模型，都是"缝缝补补"，坏了就修，好的零部件就平移。可想而知，对待客户，他们也是采取类似的策略。所以"黔景"的库房里一直都没有模型库存。"黔景"不缺年轻气盛和理想抱负，缺少的是一个"吃饭"和"兴趣"相符的方向。

## 无人机有人控，找到方向勇闯"高新区"

"我们可能要搬家了！"2011年，王迅把张睿昕和郝淳叫到一起，分享最近从朋友那儿得到的信息——去贵阳国家高新区也许是一个不错的选择。王迅分析，撇开其他方面不论，在市区里三个月的房租就要两万多。如果搬过去，先免租一年，第二年只交30%的房租。就算是全额交房租，也比市区便宜太多，这能省

斯凯威团队在进行航拍工作

下很多钱来做研发。除此之外，国家的好政策，比如说科技发展、信息产业和大数据方面的，会有专门的人来对接，还可以申请项目补助资金等。反正肯定能得到大力支持。

三位"贵阳合伙人"一合计，认为这简直是天赐良机！同时，考虑到彼时的高新区人还不多，客户群体相对固定，公司也从模型经营转型为技术研发。于是在2011年，贵州斯凯威科技有限公司成立了，公司地址也变更为贵阳国家高新区大学生创业孵化园。

既然是"孵化园"，和自然规律一样，孵化出来的动物早晚得离开"窝"，独立面对这个世界，而"高新区"的"孵化周期"是三年。所以，三年之间，斯凯威必须快速成长，否则到时候就要被"扫地出门"。

关于这三年，三位合伙人都给出了一个关键字——顺。当然，这个"顺"是指对外，他们把不顺都留在了"实验室"内。三年的时间里，一有空，这三个人就会泡在一间小"实验室"里，研究无人机技术和航拍。

斯凯威团队在调试设备

一开始，遇到技术难题，斯凯威团队还要依赖"大厂"，把不同的零部件设计好，寄出去制作，但一来一回特别耽误时间，于是他们买回了切割机和3D打印机，慢慢把技术、设计和制作都掌握在了自己的手里。也正是他们一门心思地研究，斯凯威填补了国内无人机领域的多项技术空白。

技术并未停留在"实验室"内，而是更多地用于实践。2012年，源于对飞机模型的全面认知，斯凯威团队逐渐掌握了能飞能拍的技巧，然后攻克了图像回传的技术。此时恰好也迎来"贵阳国家高新区"的蓬勃发展，政府前来考察和扶持，企业前来参观和合作，而斯凯威就成了最好的展示窗口。经常有来宾会让斯凯威团队"飞一圈"，看看高新区的面貌。

2012年，贵阳北站正在修建，斯凯威已经可以把无人机飞得很远，就

斯凯威的无人机三维实景建模用于贵阳人民大道规划

像侦察一样，看到建设工地的全貌，图像还能实时回传。这一方式既方便参观考察，更方便工程建设的整体调度。于是在政府部门的牵头下，无人机航拍开始尝试加入更多运用场景。如今的斯凯威，服务于军事、交通、武警、消防、电力、农业、新闻、通信、测绘、勘察、公路等单位和部门，与多个单位和部门均达成长期合作关系。

"我们又要搬家了！"2013年底，斯凯威团队孵化成功，搬离贵阳国家高新区大学生创业孵化园，还没等到三年之期，便提前离开了。一方面，这得益于公司的快速发展和经营自洽；另一方面，三位"贵阳合伙人"商量，把地方赶紧腾出来，让给更多渴望创业的大学生。

## "黔景"大好，征途不止

在斯凯威现在的行政办公室里，摆放着四台"退役"的无人机，"理工男"们并没有给它们取浪漫的名字，它们都是斯凯威自研改装的，而不

斯凯威的航拍无人机

是从市面上购买的。比如斯凯威的第一台无人机，是利用一台700级的航模直升机改装出来。另一台无人机的云台很特别，是从新西兰购买的手工云台，为了固定云台，支架也是手工打造的。它们退役的原因都相同，随着技术的发展，已无法满足拍摄需求。

在决定搬出"孵化园"的同时，斯凯威在贵阳市观山湖区开设了全国第一家线下门店，2013年到2015年间，贵阳最多出现过四家大疆无人机的门店，都是斯凯威团队搭建的。随着民用无人机的普及，短视频平台的火爆，许多人开始接触到价格亲民的"高端飞行玩具"，斯凯威也从"技术宅"走到前台，被更多人熟知。2017年9月初，斯凯威在贵阳国家高新区管理委员会的支持及相关部门特批空域的情况下，正式在贵阳国家高新区创客文化中心挂牌成立了贵州省首个无人机实训基地，与此同时，斯凯威与深圳市大疆慧飞教育培训公司合作，成立大疆慧飞无人机应用技术培训中心贵阳白鹭湖分校，为贵州省无人机学员提供良好的训练环境。

如今，在抖音平台上搜索"斯凯威"可以找到"SkyviewTeam"和"航拍V"的账号。拥有近百万粉丝的郝淳说：账号从来没做过推广，都是摄影摄像爱好者主动关注，所以粉丝黏性很强。但如果要说感觉自己什么时候算是"红"了，应该是上了央视后。

2015年，斯凯威团队受邀接受中央广播电视总台的采访，登上了新闻报道，郝淳第一时间通知了爷爷。在这之前，郝淳一直没法给爷爷解释自己做的是什么工作。这一次家里人可算是完全明白了"原来是给别人做航拍，而且这么高级啊"！此后，郝淳开始和爷爷分享拍摄视频，还会分享"实验室"里打磨出来的零部件，爷爷每次都会感叹：这可比以前的车床生产的精细太多，科技发展太快！

经过这次采访，央视也开始主动与"斯凯威团队"展开合作。斯凯威团队曾受邀参与了中央电视台2015春节联欢晚会片头《新春序曲》的拍摄、2016年央视新闻《跨越伶仃洋——港珠澳大桥成功合龙》直播报道、

2017年除夕夜的中央电视台《新闻联播》外景航拍直播、2017年中央电视台迎接十九大特别节目《还看今朝》的拍摄、2017年广州城市形象宣传片的拍摄、2018年中央电视台春节联欢晚会·贵州黔东南分会场直播等。

在航拍行业内，斯凯威早已被视为跻身全国前列的团队。作为央视航拍节目和多家国内媒体合作伙伴的贵州斯凯威科技有限公司，在航拍技术及高质量影视产品制作领域具有较大的影响力。特别是在2019年到2021年期间，《航拍中国》《大决战》《布达拉宫》等影片中的航拍镜头，得到了合作方的高度肯定。未来他们还将利用8K超高清技术，勾勒出贵州的自然地理风貌及建设发展成就。

## 马的眼里看到了雪山，斯凯威的眼里是梦想

关于斯凯威的拍摄故事，还在继续。

2022年7月，斯凯威团队前往伊犁州伊宁市招苏县夏塔东都沟，这里有座壮美的雪山，但一路上都没有信号。斯凯威团队此次执行的任务是拍摄一个开场，导演要求从马的眼睛开始，马睁开眼睛之后，反射出整座雪山。但是，马的眼睛是个球面，可视角度特别广，如果马和雪山距离较远，马眼睛里的雪山就很小，会不好看，怎么办呢？斯凯威团队牵着马走到雪山跟前，但还是发现不够完美，因为距离太近，人和镜头会穿帮。所以，摄像师必须从侧面或者上方拍摄，那就得把马拉到山顶，让马站在山顶才能拍到雪山全貌。因为马不能骑，车又托不下，只能牵着走。于是，斯凯威团队就扛着大型无人机、牵着马爬雪山。

斯凯威团队当然清楚，以现在的技术，不拍实景，不用冒险，直接使用后期视效也能制作出这个画面来。但是斯凯威团队依然勇闯无人区，前前后后多次上山，只为求得一个真实完美的开场画面，哪怕只有

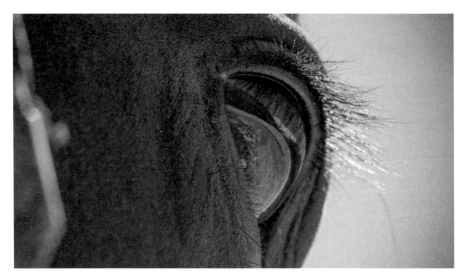

斯凯威从马眼睛里拍到的雪山

几秒钟。正是因为这样的极致追求，斯凯威研发了全新功能的无人机并申请了专利，目前共成功申请了15项实用新型专利和2项外观设计专利。斯凯威的无人机三维实景建模项目获得了12项国家计算机软件著作权登记证书。

　　拍摄的故事惊心动魄，过程千难万险，他们却乐于分享成果。2022年，贵州斯凯威科技有限公司搭建平台与贵州广播电视台等多家媒体、省内摄像摄影团体和个人合作，将拍摄到的贵州大地的素材上传到一个统一的平台，开源分享给所有人。相比市场上动辄三五千的价格，斯凯威决定每条素材只收100元的基础费用，这些费用除了基本的平台维护费用以外，其余的收益会分成给摄像师。截至2022年7月，平台还在搭建中，他们建设这个平台的初衷是希望更多人加入到宣传贵州、分享贵州、记录贵州的队伍中来。这是斯凯威团队的下一个"小目标"，也是三位"贵阳合伙人"最初的梦想。

　　贵州的"黄金十年"，斯凯威团队既是参与者、见证者，更是记录

安防无人机喷射催泪瓦斯

者。"斯凯威"得名于英文skyview的音译，意为天空视野。在创始人之一的张睿昕看来，更高的视角，往往会带来意想不到的效果。相信精益求精、不断求索的斯凯威团队，未来的"天空视野"会更加广阔、更加精彩。

文：尚　源

关于莫富元

　　**莫富元，**1979年生，贵州省黔南布依族苗族自治州龙里县邮政局邮递员。 27年来在邮路上行走44万公里，服务用户1000多万人次，始终保持"零失误"和"零投诉"的骄傲业绩，获得各种表彰28次，2010年被评为贵州省劳动模范，2010年获贵州省第二届道德模范提名，2013年被评为"龙里县十大年度人物"，2020年被评为全国劳动模范。

# 27年跑了地球11圈

## ——莫富元的邮递梦想

"从前的日子很慢，车、马、邮件都慢，一生只够爱一个人……"这首《从前慢》，应该是邮政行业的最好代言。千言万语，比不过我对你用心。通讯不发达的年代，邮递员能够带来远方亲友的消息，是传递祝福与惦念的纽带，曾是多少个家庭天天翘首等待的人。

莫富元是贵州省黔南州龙里县邮政局的一位邮递员，他干了27年，依然坚守投递岗位。他在邮路上行走的里程能绕行地球11圈多，服务用户1000多万人次，始终保持"零失误"和"零投诉"的骄傲业绩。27年来，莫富元获得各种表彰28次，2020年11月，他被评为全国劳动模范。

从贵州黔南龙里县的农村青年，到走进北京人民大会堂的全国劳动模范，很多人说莫富元的人生很励志。可他深知，不平凡之路都是用平凡的双脚一步步走出来的。他把最美的青春年华挥洒在心爱的邮路上，这条邮路在他的汗水浇灌之下闪闪发光。

## 老班长激活了邮递梦想

今年45岁的莫富元，出生在龙里县平西村。1991年，莫富元13岁。那时他的哥哥在北京的中央民族学院读大学，每隔段时间就写信回家，讲述在北京的见闻，介绍学习的事情。哥哥的来信多了，莫富元由此也渐渐对邮政工作产生兴趣。每当看见邮局投递员大哥送信到家里，都非常高兴和激动，当时就萌生了要成为一名邮递员的念头。在莫富元的眼中，邮递员这个工作特别有意义，它可以拉近人和人的距离，能送来希望，送来期盼。当时，经常给家里送信的投递员名叫陈建，也是后来莫富元开始邮递工作的老班长，那时年轻的莫富元就经常跟陈建说："以后你们要是招人，把我也招进去。"

说到做到，1995年，还在读高一的莫富元了解到龙里县邮政局正在招投递员，从小对邮递员怀有崇拜之情的莫富元，毫不犹豫地背着父母去报名，结果还真考上了。入职的时候局领导见莫富元年纪还小，就问他，小伙子，干邮递员很辛苦，能干下来吗？莫富元当场回答："干得下，因为我喜欢邮递员这工作！"

## 一名邮递员的日常

刚开始，莫富元以为干邮递员是个简单轻松的活儿，理理邮件、送送信件。没想到扛的邮件大包比在老家干农活还重，一个包裹50公斤。每天6：30就要开始工作，分拣1000多份报纸，捆绑邮件、规划路线，这一系列准备工作就要花费四五个小时，然后出门送邮，每天一趟五六十公里的乡邮路线跑下来，骑自行车要花6个多小时，常常是天不亮出门，夜已深归家。不少工友干不了多久就走了，莫富元却咬牙坚持，只因心中那个最初的邮递梦想。

要坚持，就得有一技之长；想长本事，就得学。怎么规划路线，更合理；报刊信件怎么分类，更科学；还有复杂的门牌地址也要反复熟记，老师傅教，莫富元跟着学，下了班还细琢磨、反复练。由于工作热情、用心，在乡邮路上锻炼几年后，单位将莫富元从乡邮调到城区邮路，负责龙里县城西段片区。这里集中了龙里县委、县政府和80%以上的县直机关单位，以及龙里北部工业园区的多家企业和个人用户，投递行程长，任务繁重。每天的投递量就达1600多件，服务用户400多户，邮件总重100余公斤，他以实际行动践行着刚踏上邮政路时的初心。据统计，莫富元平均每天服务的用户多达1000多户，要投递的邮件多达2000多份，出入上百栋楼，行程约51公里。仅2019年，就投递各类报纸杂志5.59万件，始终保持"零失误"和"零投诉"的骄傲业绩。

## 我愿为你翻山越岭

在旁人看来，送邮工作似乎是个单一的工作，其实简单的背后，却是日复一日、年复一年的繁杂和坚持。27年来，让莫富元坚持下来的动力是什么呢？莫富元说："我觉得应该是一种责任感，2002年我加入中国共产党，当时我的老班长对我说，小莫，共产党员就是老百姓的带头人、贴心人，是单位的排头兵，我们不管做啥事，都一定要讲党性、勇担当，把本职工作做好，把老百姓的事情当成自己的事情来做。邮政工作虽然不起眼，却是人民群众每天需要的服务，所以我们应该用心用情地去做。只要用心用情，就能得到老百姓的信任。"

这句话，在乡邮路上的那几年，让莫富元深有感触。那时候，龙里县乡村道路比较崎岖，偏远村庄的人们最期盼看到邮递员的身影，他们送来的不仅是远方亲友的惦念，更承载了一份精神寄托。在送邮过程中，让莫富元暖心的是，大家都把他当成家人来看待。"我这个片区有个叔叔，现在已经有70多快80岁了，当时我去村里给大家送邮件的时候，他会把家里的备用钥匙放在木房子的柱子下面。他对我说，小莫，如果你来了我们不在家，钥匙就在那个柱子下面，你拿钥匙把门打开，自己进去吃饭，碗柜里什么都

莫富元（左）与用户

有，你吃了只管走就行了。当时还是感到特别欣慰的。"尽管已经过去十几年了，现在提起和乡亲们相处的情景，莫富元还是会感到很温暖。

## 尽力让"死件"复活

因对邮政事业格外热爱，莫富元对这份工作也格外的"执拗"。

邮政投递工作最怕的是产生"死件"。所谓"死件"，就是由于机构和人事变动导致的很多无人接收的报刊和信件。每当遇到这种情况，不管有多难，莫富元都没有将"死件"退回，而是尽力去寻找，只要有一线希望，都一定要让"死件"复活。20多年的投递过程中，在他手上复活的"死件"就有上百件。

2003年5月9日，一封从台湾寄到龙里县西关坡的信件直到天黑还没有找到收件人。信封上的繁体字，让莫富元本能觉得这封信很重要。为了把这封信尽快送到收件人手中，莫富元推着自行车，忍着饥饿，顶着夜色挨家挨户询问。

那时候龙里县西关坡正改道拆迁，许多住户已经搬走，直到深夜，信件依然没有送出。但莫富元并没有因此而放弃，他连续多日挨家挨户敲门打听，大概找了四五天，终于找到收件人——一位80多岁的老奶奶。当莫富元把信件交到收件人手中时，老人激动地哭了，原来寄信人是与老人分离了近60年的亲哥哥。老人紧紧拉着莫富元的手说："小伙子，太感谢你了，这是我失散多年的哥哥，原以为这辈子再也联系不上他了，是这封信让我们重新取得了联系啊。"就是这样简简单单的一句话，让莫富元如释重负。"通过一封信让失散多年的两兄妹联系上，我现在想起这件事，依然觉得所有的努力都是值得的。"莫富元说。

## 最特别的荣誉

参加工作以来，莫富元获得各种表彰28次。其中，有三枚奖章让他倍加珍藏，分别是2010年获得的贵州省劳动模范奖章，2020年获得的全国劳动模范奖章，2021年获得的全省优秀共产党员奖章。

莫富元说，2010年被评为贵州省劳动模范，让他重新理解了"劳模"这两个字的含义，不仅仅是工作要做到认真负责，更要起到带头引领作用。2015年，莫富元建立了自己的"劳模创新工作室"，通过一对一的劳模授课，带动、培养了多名业务技术骨干。工作室先后提出包块业务工作流程简化、操作方式调整、人员分工变化等方案，使龙里县邮政分公司分拣效能提升40%以上。在"劳模创新工作室"引领下，龙里邮政发展速度

莫富元的三枚奖章

加快，服务满意度从2017年的95.3%提高到2019年的98.2%；寄递业务量从全州末位到现在的全省前列。

2020年11月，莫富元被评为全国劳动模范，在人民大会堂得到习近平总书记的接见，那是他一生难忘的高光时刻，也成为他不断前行的动力源泉。

过去十年，莫富元努力奔跑在邮政路上。未来十年，他说，他的脚步依然不会停止。"我的工作室还要做很多事情，比如说在乡村振兴、快递进村的项目上，还有许多工作要做，争取服务好快递下乡'最后的一公里'，把包裹送到老百姓的手里。现在我们已经开始实施了，我们将联合一些私营快递企业，把这些包裹集中到我们这里来，把它们配送到每个村寨里面去。这是邮政的优势，也是邮政的责任！"

文：蒲亚南

关于石丽平

石丽平，1966年生于贵州松桃县，2022年入选第六批国家级非物质文化遗产代表性传承人名单。曾获"中国非遗年度人物""2020年全国脱贫攻坚奖奉献奖"。

# 一针一线绣出美好生活

## ——石丽平的苗绣梦

　　巾帼不让须眉。在全国人大代表、贵州铜仁松桃苗绣第七代传承人石丽平的坚守和带动下，成千上万名绣娘拿起手中的一针一线，用小小针尖实现了脱贫致富，既助力了乡村振兴，又传承发展了松桃苗绣，还富了"人民口袋"。一针一线，绣出了一幅美好蓝图。

　　苗族是一个农耕民族，松桃苗绣是夸张与浪漫，是写实与写意，是把生活的场景绣在布上、穿在身上的艺术化表达。艺术来自于生活，同时也高于生活，发展到今天，松桃苗绣已经演变为保留了苗绣中最为经典的元

石丽平（左四）和年轻绣娘们向老一辈绣娘请教

素并结合现代审美的刺绣工艺。一代代的苗族妇女通过针线和绣法来表达本民族向往美好生活的精神世界，正如石丽平所说："千百年来，用针当笔、用线当墨、用布当纸来叙述苗族的文化脉络。"

## 心系家乡，将指尖技艺转化为指尖经济

回忆起20年前最开始做"松桃刺绣"的时候，石丽平谈道："身边很多人不理解我要传承发展松桃苗绣的做法，认为我是好日子不过，要瞎折腾。那些年大家对松桃苗绣的认知度并不高，交通不便捷，信息难互通。而且随着经济的快速发展，大量的年轻人离开了家乡，选择外出务工，只剩孤寡老人和小孩留守村里，使松桃苗绣的传承与发展出现了严重的断代现象。而老一代的苗绣艺人也相继离世，这使得松桃苗绣技艺濒临消亡。"介于这样的情况，作为苗绣传承人的石丽平倍感肩上的责任重大、

石丽平的苗绣基地

使命光荣，同时也更加坚定了内心想要传承好、保护好、发展好松桃苗绣的想法。

## 是执着与热爱，也是责任与坚守

　　如今越来越多的年轻人想要通过读书走出大山，而石丽平则选择留在大山去做祖辈传承的事情。谈及松桃苗绣，石丽平说道："每个人都有梦想，都有属于自己的追求。我作为60年代出生的人，从小就耳濡目染外婆与母亲一针一线、纺纱纺线、织布刺绣，打小就爱上了苗绣。"每每想起当年唯美的苗绣一天天的逐渐"消失"，石丽平便暗暗下定决心要努力找回曾经拥有的华丽与美好。从2000年开始，石丽平用了8年的时间，徒步一万五千多公里，多次深入乡村动员村民参与苗绣的保护与传承，走访调研贵州所有的苗寨，拜访民间手艺人，搜集整理苗绣的各类纹样、绣品、

石丽平在寨英镇水源村桃花基地制作苗绣

绣片及背后的故事，为的就是想要留住宝贝、留住乡愁。从最开始石丽平带领3名绣娘在30平方米的办公室开始传承发展松桃苗绣，到如今建成一支260人的刺绣精英队伍，解决了6800多名留守妇女居家就业问题。

谈及遗憾，石丽平说那就是2015年7月15日，对于她来说那是黑色的一天。当时贵州松桃遭遇了百年难遇的大洪灾，石丽平的苗绣展示厅被洪水全部淹没，8个硬盘里装满了石丽平收集的所有苗绣资料，这是她的毕生心血，是她的全部，全被洪水冲走了。石丽平难以释怀，放声大哭，哭过之后便又擦干眼泪继续向前走。

## 种下梦想，追求梦想，实现梦想

2011年，松桃苗族花鼓刺绣系列产品经过层层筛选，被外交部选定为外交礼品。2015年，松桃苗绣顺利获得由国家商标总局颁发的"地理标志证明商标"。2019年，石丽平被评为"中国非遗年度人物"。2020年，石丽平获得"2020年全国脱贫攻坚奖奉献奖"。2021年，石丽平荣膺"2021中国十大品牌女性"。

春末夏初，有"植物活化石"之称的珙桐花在梵净山盛放，远远望去，宛如展翅欲飞的白鸽，故称之为"鸽子花"。石丽平十分喜爱"鸽子花"，她希望苗绣也能像"鸽子花"一样，经历世间的变迁，依然留存下来。当回忆起这一路走来最让自己感动的瞬间，石丽平说那一定是2020年5月21日，作为全国人大代表，身着13名绣娘悄悄为她缝制的"鸽子花"绣衣，走在"代表通道"上，为传统手工艺发声，为民族文化发声的那一刻，绣衣是穿在身上的历史，是一针一线的成果，是群体智慧的结晶，她倍感鼓舞与激励。石丽平记得当年在中国台北故宫博物院，亲眼看到了中国的百苗图；在美国纽约大都会博物馆，又亲眼看到了属于中国贵州的松桃苗绣及苗族大披肩。这让世界看到了中国民族文化的魅力，松桃苗绣现已远销67个国家和地区，创造了具有鲜明特色的民族自主品牌。

在贵州后发赶超的步伐中，在省委、省政府实施"锦绣计划"等一系列惠民利民工程中，十多年来，石丽平以松桃苗绣技艺为载体，公司先后培训刺绣人数累计达到2万余人，在易地扶贫搬迁安置点建立了100个扶贫工坊，带动了全县6800多名各族妇女创业就业，其中大部分是县城下岗女工、农村苗族妇女和返乡务工人员。同时，先后捐资60多万元修建10多公里乡村公路，资助17名贫困大学生完成学业，累计捐资200多万元。十余年间，石丽平一针一线，用实际行动为乡村振兴贡献着自己的力量。

2021年，习近平总书记来到贵州化屋村考察时说："传统的也是时尚的，你们一针一线绣出来，何其精彩！一定要发扬光大苗绣，既能继承弘扬民族文化、传统文化，也能为扶贫产业、乡村振兴作出贡献。"总书记给予了贵州苗绣高度称赞，也更加坚定了石丽平的初心使命。2021年央视"春

"春晚"特别节目《向祖国报告》中的石丽平

晚"的特别节目《向祖国报告》中，石丽平用15秒、43个字，感动了全国人民。她说："我叫石丽平，来自贵州铜仁松桃，是松桃苗绣第七代传承人，我要用传统手工艺为美丽乡村建设增光添彩！"

石丽平与绣娘们绣的大石榴

一代人有一代人的长征，在传承与发展松桃苗绣的锦绣之路上，石丽平从未退缩，二十多年如一日，致力于更好地传承发展松桃苗绣。在党的二十大即将召开之际，石丽平与绣娘们绣了一幅大石榴献礼党的二十大，"玉粒五十六，相拥共戚休；尺幅九十九，象征大神州；苗家绣女巧，好个红石榴"。她们通过石榴图的设计与制作，亲身感受到了"各民族像石榴籽一样紧紧抱在一起""你中有我、我中有你、谁也离不开谁"，理解了中华民族共同体意识的内涵。

石丽平的苗绣公司是一个有家国情怀的企业，不仅要把企业做好，而且感党恩、听党话，跟党走，积极担当社会责任，始终以铸牢中华民族共同体意识为己任，致力于促进各民族交往交融交流走深走实。未来，石丽平将继续带领各族群众一起齐力向"苗绣 +服饰""苗绣+箱包""苗绣+苗药"等"苗绣+N"产业链模式创新发展，提倡健康环保可持续发展，实现共同富裕，全面开启助力乡村振兴发展的锦绣之路。民族的就是世界的，一针一线何其精彩。石丽平不断打破边界， 实现自我价值，在新时代的舞台上传承发展松桃苗绣，使其一步步地走出大山，走出国门，走向世界！

文：龙静宜

关于胡罡

**胡罡，**1986年生于贵州省毕节市，毕业于复旦大学，医学博士，硕士研究生导师，贵州省人民医院心外科副主任医师，贵州省心血管病医院外科教研室副主任，欧洲心脏病协会专家会员，国家心血管病专家委员会微创心血管外科专业委员会青年委员，贵州省医学会胸心血管外科青年委员会副主任委员，中组部"西部之光"访问学者，第十六届"贵州省青年科技奖"获得者。

# 家乡更需要我

## ——心外科医生胡尪的梦与路

### 那场救命的马拉松

2015年11月8日在上海举办的马拉松赛上，参赛的复旦大学附属中山医院十余名医护人员，与死神赛跑，成功抢救一名心脏骤停的参赛者，一时在上海传为佳话。

上海马拉松比赛时的胡尪（右一）

当天上午近10点，统一身着"复旦大学附属中山医院心外健康跑俱乐部"白色T恤的胡馗等十余名医护人员第一次参加马拉松赛。正当他们奔跑在上海龙华中路赛段时，突然听说后方200米处有参赛选手心脏骤停，这些心外科医生凭着职业敏感迅速意识到情况危险"救人要紧"，于是义无反顾返身奔赴事发现场。到达现场后，赛事志愿者已开始对患者进行急救，但患者依然意识丧失、口吐白沫、无自主呼吸、无心跳，情况极其危急。魏来、胡馗、赵赟、罗海燕等立即与现场人员说："我们是中山医院的医生、护士，把患者交给我们。"随后他们熟练地进行胸外心脏按压、面罩通气、建立静脉通路、心脏除颤，每一个动作都精确到位。经中山医院的医护人员忙而不乱、紧张有序的紧急抢救，患者最终恢复自主呼吸，恢复窦性心律，终于从鬼门关前死里逃生。

这是胡馗第一次进入媒体视线，在后来的采访中记者了解到跑步是胡馗坚持了多年的习惯。戴上耳机，一边听书一边跑步，这项看起来枯燥乏味的运动他却坚持了很多年。从小身体素质不错的他，非常热爱体育运动，篮球、长跑等都很擅长。

## 十字路口的孤勇者

2018年6月29日，刚参加完复旦大学毕业典礼，"2018年上海市优秀毕业生"胡馗马上乘坐高铁回乡工作。他出生在贵州毕节偏远农村，一路攻读到博士之后，面对留在上海和去美国名校继续深造的机会，他却选择回家。他说："我觉得贵州更需要我，哪怕只是一点点促进作用，就是很有意义的。"2018年7月5日人民日报新媒体客户端刊发了"复旦博士拒绝美国密歇根大学博士后和上海工作机会，选择回家乡贵州工作"的消息。一时间，胡馗的名字在各大媒体"刷屏"，大家进一步认识了这位来自贵州毕节的医学博士。

当初面对这样的选择，曾有网友表示惋惜。如今回到贵州工作4年后，记者问胡嵩有没有后悔当初的选择。胡嵩回答道："从来没有！"

在面临选择的时候，很多人会由于现实的压力，因为经济或个人成长的考虑等因素，选择去国外或者留在发达地区。这可能是大部分人的选择，于是很多人对胡嵩说，你这样的选择是需要勇气的，你是一个勇敢者。他说："我们在面临选择的

胡嵩获得博士学位

时候，确实很少有人能够有勇气去选择自己真正希望做的、真正想做的事情，坚守自己的初心和原本的理想。"

博士毕业后，有国外教授邀请胡嵩去名校做博士后，有上海的医疗机构希望他留下来工作，而这些都是他"规划之外"的事情。胡嵩说："早在去上海读博的时候，我就给导师说了，将来我毕业以后是要回贵州的。我希望能够有机会读博士，学到更多的东西；我也希望学成以后能够回贵州，为我们贵州的心血管外科事业贡献自己的力量。因为光有这个想法不行，得有能力做到，所以我需要去读博士。这是我当时去之前就想好的，所以回来这件事情是我去之前就做好的决定。当毕业即将回来的时候，我有了更多的选择，但这些选择并不在我的人生规划当中。很多人觉得这样

的选择很难，其实我只是坚持了自己最初的想法而已。"

　　放弃留在上海和去国际名校继续深造的机会，或许就意味着放弃了成为一名"大教授"的机会。胡馗曾和自己的同学开玩笑说："以后你们都坐在主席台上，我坐在下面。但是没关系，什么样的岗位都需要有人去干，有些事情就得有人去做。"作为一名成年人，任何选择都应该是在深思熟虑之后做出的。关于留下还是回家这件事，胡馗其实早就想得很清楚了："留在上海，我个人努力奋斗之后对社会的贡献可能是从1到1.1；而回到贵州，我可以做一些从0到1的事情。回来以后通过自己的努力，能够对推动贵州心血管外科专业的进步贡献一点力量，我觉得这件事情的意义是非常重大的。等10年、20年以后，甚至等我退休以后，再回过头去看，我肯定是做了一些事情的，肯定能为老百姓造福，能为他们的生命健康、为我们这个行业作出贡献的。我觉得比起去北京、上海，回贵州能让我的人生价值更大。所以我非常坚定，实际上自始至终没有动摇过。"

## 求学经历

　　胡馗出生在一个离梦想足够遥远的地方，童年是在放牛割草中度过的。读五年级之前，村里没有完整的小学，他和同龄人只能每天去山脚下的民办小学上学，全校只有一位老师。到了冬天，塑料膜糊不住木板做的窗户，墙上一个又一个洞咆哮着寒风的阵阵怒吼。那时的他，对外界的认知其实很少，更不懂什么人生规划、职业规划。胡馗只记得当时初中老师说过一句到现在还让他印象非常深刻的话"小胡馗你还是不错的，好好努力争取以后能够考个本科"。胡馗说，他的老师都是师范、大专毕业的，他们觉得农村孩子能够考一个本科，已经是非常不容易的了。即便如此，胡馗一直以来是那个上课听讲最专心、作业写得最认真、成绩也是最好的学生。用胡馗自己的话说，如果那时的自己是"领先者"，后来就变成了追赶者，好在他从未停止过奔跑的脚步。考上全市最好的高中——毕节一中后，从前一直没拿过第2名的胡馗惊讶地发现，自己竟然在全校排到了100多名。看着与同学们学习基础的巨大差距，他的选择是奋起直追。数不清多少次挑灯夜战，课本被翻到边缘卷起，"除了更加努力，感觉也没有别的捷径"。学校离家20多公里，只有放长假的时候，胡馗才会回去。坑坑洼洼的路面，沙粒打在窗玻璃上，车子颠簸得厉害，空气中弥漫着拥挤的气息，他总是站着便能睡着。

类似的经历也同样发生在上大学后，来自农村的他，在眼界见识、知识积累、技能才艺等方面都与周围的同学有着极大的差距。比如他很少见到的电脑，对于很多大城市的同学来说已经成为"常规玩具"。但胡馗也有自己的"特长"，那便是不浮躁、能吃苦。几乎每节课，他都坐在第一排。同学们出去玩耍时，他也基本都在读书、学习。他耐得住寂寞，付

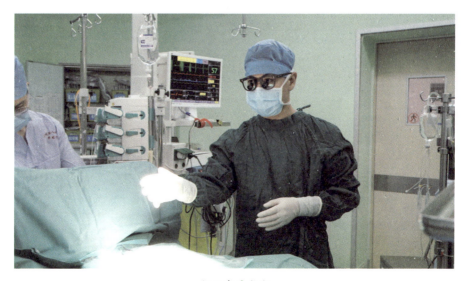

胡馗在手术室

得出努力，"让我感觉特别骄傲的是，我的大学期间几乎没浪费过什么时间""我的求学经历并不是一帆风顺，虽然过程崎岖，但结果还是好的"。谈起这样的经历，他认为首先要拥有强大的内心，才能不被压力与焦虑击溃；其次要有坚定的目标和不达目的不罢休的决心，最后便是"但行好事，莫问前程"的孜孜努力。

## 医者这个职业的迷人之处

胡馗选择报考医学专业，是因为父亲的一句话。在农村，老人们的观念里"天干饿不死手艺人"，有技能走到哪儿都有饭吃。有一技之长、学一门好就业的专业，是家人的期望。真正走上工作岗位后，胡馗越来越迷恋医生这份职业，他说因为感受到了这个职业的迷人之处。

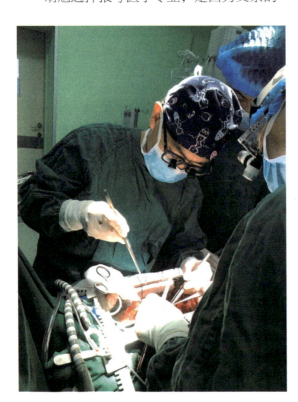

胡馗在做手术

心脏外科，曾被认为是医学领域内"皇冠上的明珠"，但由于其门槛高、风险大、工作强度高、培养周期长，很多人望而却步，导致这门极具价值和需求的学科，竟然成了冷门专业。复旦大学附属中山医院心脏外科是全国前三名，是全国顶级、在全世界都有一定影响力的心脏外科中心。这里工作节奏很快、工作学习任务繁重，每天像"打仗"一样。早晨五六点起床，晚上10点下班是常态，"一个星期至少五天是这种样子，回家基本上已经累得不行了，吃完饭只想休息，然后第二天继续上班"。对胡馗来说，他却从不觉得苦，比起小时候上学、放牛吃过的苦，这些不算什么。别人认为的苦，其实只是他的日常，因为他就是这么一路苦过来的。"无论是什么专业，做了这个事情我就要把它做好。我们绝大多数人没有机会因为爱一行才做一行，而是需要做一行爱一行。更多的时候，我们是做了以后才去喜欢，先去做，想着把它做好，你才会在去努力工作的过程当中发现它的魅力，发现它吸引你的地方。"对于职业选择，他是这样说的。

医生的工作，让他更深刻地体会到责任和使命。"那些原本可能马上就要死的人，你能救他一命；那些生命只有两三年的人，你能够让他多活10年；那些生活质量很差、丧失劳动力的人，你能够让他过上正常人的生活，这是我们医生最大的价值。一些年龄很小的孩子，患有很严重的先天性心脏病，如果不给他做手术，他基本上是不可能健康成长的，可能一岁都活不到。但是如果我给他做了手术，他不光能够长大，还能够像别人一样去经历一个完整的人生。对于我们来说，上大学、谈恋爱、结婚生子这些事情，是非常正常的，是理所应当的。但对于有些人来说，这样的人生并不是他能够奢望的，他可能连长大的机会都没有。所以我去给小朋友做手术，让他们能够长大，让他们有机会去经历一个完整的人生，我觉得这个意义真的是非常重大。我经常会设想一种场景，等到快退休的时候，现在做过手术的小朋友们——那个时候他们也就跟我现在的年纪差不多了——他们那个时候抱着自己的小孩来，说，胡医生，我们来看看你，你看这是我的小孩，带他来见见你。一想到这样的场景，我就觉得非常温暖。"

看到一个个被疾病折磨的病人平安地走出医院，回到家、回归自己的生活、回归社会，这种成就感让胡馗觉得即便再辛苦也值得。心脏外科手术是救命的工作，能把那些濒死的人从鬼门关拉回来，让那些寿命不剩几年的人活得更长，让那些没有生活质量的人活得更好，这让胡馗及其团队的医护人员们觉得即使这个学科难度很大、强度很大，即使医生要牺牲很多东西，在做了这么多年的工作以后，仍然觉得这个职业的魅力很大。

## 那一颗初心

2014年硕士毕业后，胡馗曾回到贵州工作了一年。那段时间他常常想，自己要成为什么样的人："要成为像自己的导师那样优秀的人，成为一名很厉害的心脏外科医生，让我们贵州的病人，在家门口就可以享受到高质量的医疗服务；让那些本来风险很大，可能救不活的人，10个我至少要救活七八个；那些原本手术创伤可能很大的病人，我或许能让他们受的创伤小一点；那些原本手术以后可能出现各种问题的病人，我或许能够让他们出现问题的概率小一点……我觉得这些就是我的奋斗目标。哪怕是前进

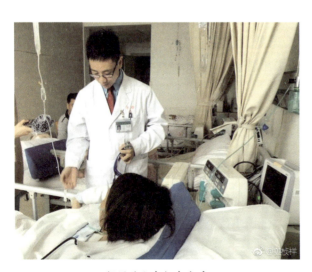

胡馗（立者）在查房

一点点，都是很有意义的，所以我想成为一名优秀的心脏外科医生。"

让那些没有机会的人能够获得机会；让只能做一些传统的手术勉强保命但生活质量很差的病人，不仅保住生命还能有更高的生活质量；做到跟国内最优秀的医院差距很小，接近他们，甚至超越他们，能够给病患提供最好的治疗方案。这些是胡馗正一步一步努力的方向。

## 心脏外科医生所需素质

当记者问成为一名优秀的心脏外科医生，需要具备哪些素质的时候，胡馗说："第一关键的就是终生学习，因为医学技术和理念是不断发展的。其次，要有勇敢创新的理念和对生命的敬畏之心。因为病人的生命和安全是第一位的，不能为了所谓的创新，而忽略病人的安全，一定要把病人的安全放在第一位，然后努力地去寻找、掌握、实施对于病人来说最佳的治疗方案。再有，需要良好的共情能力和沟通能力。医生要懂得换位思考，明白病人的痛苦，并尽力去疏导。减轻病人的思想负担，才能达到医患双方的默契配合。所以尽管很忙，我每天都会去查很多次房，每天早上一到医院首先就到重症监护室，查完再到普通病房，针对病人大大小小的问题，尽量做好答疑释惑的工作。心理疏导在治疗中是非常重要的，多去安慰患者，减轻患者的焦虑，甚至比做手术进行治疗更重要。"

## 关于家庭

胡馗的爱人也是一名医学博士。胡馗说，爱人学习也非常刻苦，上大学的时候，晚上宿舍关灯了，她经常在走廊上看书。现在他俩有了两个可

胡尳一家

爱的女儿，大女儿3岁多了，在上幼儿园，小女儿才5个月。同样是博士、同样是医生，妻子除了做好本职工作之外，更多地承担起了养育孩子的家务。说到妻子，胡尳满眼的骄傲："她也是医生，科研和工作压力也不小；她也是博士，也很优秀，生小孩，照顾小孩，为家庭牺牲是非常大的。"

现在除了工作之外，空闲时间胡尳会尽量承担起照顾家人的义务。一边在父母的有生之年多尽孝，在孩子成长的过程中多陪伴，一边朝着自己的职业理想脚踏实地、一步一个脚印地走下去，他说："这样的人生，很好。"

文：颜　烨

关于谭德群

　　**谭德群，**曾任贵阳市盲聋哑学校教育处主任、语文老师。任教33年，将一腔爱心和热情奉献给了特殊教育事业。曾获得全国模范教师、全国师德标兵、贵州省师德标兵、"明礼知耻·崇德向善·敬业奉献贵州好人"等荣誉称号。

# 特别的爱给特别的你

## ——特教老师谭德群用爱筑梦

在特殊教育行业，学生们被称作"折翼的天使"，因为身体缺陷，这些孩子或听不见世界的声音，或无法用语言向别人表达。幸运的是，有这样一群人，他们年复一年，用爱和坚持敲开孩子们的心门。他们或许没有学生考出高分成绩带来的成就感，也感受不到桃李满天下的幸福感，却能收获来自学生最纯粹的感谢。让他们快乐的，无非是学生们发出了一个读音、新认识了一个字、多掌握了一项生活技能……他们有个共同的名字——特教老师。

在贵州省贵阳市，有一个温暖的大家庭——贵阳市盲聋哑学校，这是

贵阳市盲聋哑学校

谭德群

一所为听障、视障学生提供学前教育、义务教育、高中教育（职业教育）的特殊教育学校。该校原教育处主任、语文老师谭德群，曾在这里工作了33年。

## 33年的坚守

1989年，当时还没满19岁的谭德群从师范学校毕业了，正是花季的年龄，憧憬着未来走进学校教书育人、桃李满天下的情景。可她没想到，自己走进的却是贵阳市盲聋哑学校的校门。回想起刚刚进入学校的情形，谭德群说，第一次走进贵阳市盲聋哑学校的大门，最深切的感受就是，这个学校很安静，没有普通学校课间的嘈杂，也没有满操场奔跑的孩子。自己是师范毕业，学的是普通教育，一想到今后要面对一群听不见、看不到的孩子们，心里还真是没底，脑袋里一片空白。因为谭德群学的是普通师范，没有接触过特殊教育，没有学过手语，当时她完全不知道要怎么和这群特殊的孩子们相处。

谭德群的心里七上八下，有点慌乱，甚至冒出了打退堂鼓的想法。她清楚地记得去学校参观的情景。那天，贵阳市盲聋哑学校的孩子们正在组织"六一"儿童节的活动。谭德群一眼看去，操场上的孩子们似乎和普通学校的学生没有什么不同，女孩漂亮可爱，男孩阳光帅气。可是看到孩子们用手语进行交流的时候，谭德群的触动很大，心里隐隐觉得想要为这群孩子做点什么。

就是出于这种最本真的想法，谭德群决定留在贵阳市盲聋哑学校工作。可是谭德群对于手语一窍不通，学习手语成为当时最大的困难。谭德群带的第一个班里，没有一个学生戴助听器，完全靠手语交流。他们上课

贵阳市盲聋哑学校的运动会

时，只能靠老师用手语手把手地教。

手语零基础起步的谭德群，33年来一直都在学习手语，因为手语是一门特殊的"语言"，不是一朝一夕就能学会并熟悉的，它需要慢慢地积累。直到现在，谭德群还在不断更新手语知识，摸索前行。谭德群说，这一路，自己是和孩子们一起学习、一起成长走过来的，很感谢学生们的包容和鼓励。

经过不断摸索，谭德群现在已经能够通过手语非常流畅地和学生们进行交流了。谭德群每一次上课，在讲台上就像是一位舞蹈演员，既要照顾到有残余听力的学生能听清楚，也要保证完全失去听力的学生能有效接收信息。所以听她的课，最大的感受就是手舞足蹈，声情并茂。一堂课下来，免不了双臂酸、嗓子哑，肯定是很累的。但谭德群却说，自己从事教学工作已经30多年，每次听到孩子们支支吾吾地喊"老师好""老师辛苦

谭德群在上课

了"，一种小小的感动总会在内心升华。

在贵阳市盲聋哑学校，每个班大多只有十几名学生，谭德群带的这个班是从一年级一直带到六年级。虽然只有7名学生，但她始终尽心尽力，从不懈怠。每一名孩子的特点、喜好、性格、家庭背景，她都了如指掌。她也见证了这7名孩子从刚开始入校时的懵懂茫然，到如今的从容淡定。谭德群说，从这些孩子身上，看到了自己当年的影子。就像一张白纸，经过老师的细心栽培，他们不仅学习了文化知识，也学会了劳动，学会了做人。能够看到孩子们成长、进步，对于老师来说是最大的欣慰和收获。

课堂上的谭德群，不仅仅为孩子们传授知识，还让孩子们收获了更多的自信和勇气，她非常注重学生品格的培养。她认为，教育不仅仅要教书，更要育人。普通学校的教育是这样，特殊教育更应如此。她的学生因为身体的障碍，难免会产生自卑心理，学习上也会出现各种困难。如何让

谭德群在为聋班学生讲授语文课

他们直面人生困境，在困境中找到自己的闪光点，做一个自尊、自信、自力、自爱、善良的人，这是特殊教育老师最重要的功课。也只有这样，才能让接受特殊教育的学生踏入社会的过程更加顺利。

## 学生的另一个"妈妈"

课堂上，谭德群是孩子们的精神引导者；生活中，她又是孩子们在学校里的另一个"妈妈"。贵阳市盲聋哑学校的300多名学生中，大约有一半是住校生。这部分孩子的生活起居，也是特教老师必须关注的。因为身体缺陷，很多孩子初入校时的自主生活能力不强。谭德群就从穿衣、打饭、洗衣服、上厕所这些最基础的生活能力入手，一点点地教孩子们。

谭德群每一天的大部分时间都花在学校里，这让她的女儿心里很委屈。面对女儿的埋怨，谭德群并没有过多地说教，而是身体力行，带女儿到学校来和学生们相处，让女儿更直观地感受自己的工作环境，以及特殊教育学生在生活上的不易。

有一次，谭德群班上的一个学生病了，这个学生家距贵阳很远，谭德群就把这个学生带回家照顾，谭德群的女儿也帮着妈妈一起照顾。有学生住院，谭德群也带着女儿一起去医院照顾，喂饭、喂水都是女儿负责。经过多次和特殊教育学生的交流以后，谭德群的女儿感受到了妈妈的不易和良苦用心。从那以后，她不再抱怨妈妈，而是多了一份理解和支持。

有了家人的理解，谭德群对于特殊教育的这份执着也加更坚定了。年轻时，她曾渴望得到更多学生的认可，享受学生大声说出的"老师好"；如今已从教33年，她发现特殊教育学校里的学生有着更细腻的情感。虽然他们看不到、听不到、说话含混不清，但他们的感情很丰富，表达情感的方式也不一样。下课以后，孩子们会有意识地想要亲近一下老师，摸一

谭德群（右）与学生交流

下老师的手，拍拍老师，用手语问问老师多大年龄了，还会主动搬来椅子让老师坐坐休息一下……这些点点滴滴，都清晰地烙印在谭德群的脑海里。她记得学生的笑容，也记得他们的烦恼，真正走进了孩子们的内心。走在校园里，不时会看到谭德群用熟练的手语跟学生交流；视障学生从她身边经过，听到是熟悉的谭老师的声音，也会主动打招呼。这些都是最常见的场景，也是谭德群感到开心的时候。

谭德群说，每每想起这些工作中的小细节，心里都暖暖的。而看到这些孩子毕业以后踏入社会，能够找到一份属于自己的工作，能够有一个好的环境，有一个好的生活，能够靠自己的劳动养活自己，这是她最大的成就。

## 用爱为孩子们筑梦

谭德群虽未能像普通学校的老师一样"桃李满天下"，但她将满腔热情和爱奉献给了特殊教育事业，帮助残疾孩子们筑梦、追梦、圆梦，犹如一束烛光，照亮他们的人生路。在谭德群看来，她从事特殊教育的33年中，有过彷徨、怀疑，也有过动摇，是孩子们的渴望和自己的不舍，让她坚持下来，用这样一种特殊的方式，实现了自己最初的梦想——做一名好老师，做一名学生喜欢的老师。她说："作为一名共产党员，既然选择了这份职业，就应该有担当去做好这份工作，就应该为这些孩子服务，这是一名党员、一名教师应该做的。也因为学生们给了我启发，让我能够在特教岗位上坚持做了30多年。"

谭德群（中）与学生

心中有爱，眼里有光，还有千千万万名像谭德群老师一样的特教老师守护着"折翼的天使"们。他们从春夏到秋冬，在特教讲台上陪伴着、鼓励着一批批"折翼的天使"走向未知的明天。他们关心、关爱每一名特殊教育学生，用爱温暖了孩子们的心。在孩子们的心目中，老师就是那盏最明亮的灯。

虽然谭德群老师现已调任贵阳市第三十一中学，但她依然关心着"折翼的天使"们。

祝福谭德群老师及每一位助残工作者健康幸福！

文：蒲亚南

关于孙小军

　　**孙小军**，出生于贵州省石阡县，9岁因病截肢。本科毕业于华中科技大学，硕士毕业于日本东京大学，毕业后在日本索尼公司工作。2015年决意辞去索尼公司的职位，重返东京大学，于2018年获得博士学位，同年在中国（深圳）和日本（东京）创业，通过有机融合仿生科技与人型机器人技术，开发智能动力假肢机器人，以假肢用户、开发者与创业者的三重身份投身于假肢康复辅具行业。

# "独腿博士" 奋斗记
## ——孙小军的智能假肢梦想

目前，全球残疾人超10亿人，下肢截肢者约有1200万人，我国约有400万名下肢截肢者。这是一个亟需自立行走的群体，双腿行走是人类的本能，自由移动是人生的诉求，但先天、疾患与创伤却无情剥夺了一些人站立与双腿行走的权利。

2021年下半年，国内仿生科技界纷纷将目光投向一家新兴企业

早年拄着双拐的孙小军

BionicM（健行仿生），其生产的智能假肢会跳舞、能踢球，还能完成许多过去"不可能"的事。该公司研发团队领军人孙小军，出生在贵州省铜仁市石阡县的山村，儿时不幸失去一条腿。在家人的鼓励下，他努力求学，考取名校，获得博士学位。长大后的他不仅为自己造了一条腿，他设计的智能假肢一改传统假肢的弊端，让更多残障人士能够重新拥有"自己的腿"……

## 贵州，梦开始的地方

贵州这片土地是生养孙小军的地方，他是在贵州农村度过的童年，在父母及乡亲的影响下，形成了朴实的性格。孙小军小时候曾经是班上最调皮捣蛋的孩子，9岁的时候因病截肢，当时这对他的家庭是一个沉重的打击。在截肢之前，孙小军很顽皮，不喜欢学习。孙小军的父亲告诉他，只能通过学习来改变命运，因为孙小军将来不可能再像他那样靠种地谋生。尽管当时家庭条件比较差，也没有能力为他安装假肢，但挂着双拐的孙小军并没有屈服于命运，他生活在大山里，却一直遥想大山外面的生活是怎么样的。这个梦想一直激励着他，他希望通过努力学习走出大山去外面看看。于是孙小军不再贪玩，而是把所有的心思都放在了学习上，没过多久，他的成绩就突飞猛进，从之前的全班倒数几名冲到了年级前几名。

功夫不负有心人。小学毕业那年，孙小军以全校第一名的成绩考入了石阡县初中，这让他对未来有了信心。初中三年期间，孙小军依然拼命学习，再次以全校第一名的成绩，考入了全县最好的一所高中的特尖班。高中三年孙小军都住校，为了省钱，父亲每半个月给他送一次吃的，往往把家里最好的东西都给他带去，大米、咸菜、辣子、腊肉……特尖班里的40个学生，其中30个都是县城的，他们不仅学习成绩好，家庭经济条件也比孙小军好太多了。这让当时的孙小军产生了很大的压力。进入高中后，孙小军的成绩不再名列前茅，只排到了班上的20多名。一想到高考，他就会产生一种莫名的焦虑感，甚至有些茫然。幸运的是，茫然中的他遇到了一位好老师。班主任看出了他的心思，对他格外关心，经常找他聊天，让他调整好心态不要与其他同学比，而要努力学习，找到适合自己的学习方法。班主任的教导，让孙小军逐渐放下了思想包袱，从而全力以赴地学习。到了高三时，他的成绩已稳定在了班级前5名。

2006年，孙小军考上了华中科技大学材料成型和控制工程专业，这是他第一次走出家乡，来到外面的世界。当他挂着双拐来到大学报道的时候，还曾经引起了很多媒体前来报道。在大学里，虽然他有些迷茫，但也依然没有松懈。有一次他听了俞敏洪老师的演讲《从绝望中寻找希望，人生终将辉煌》后，感觉看到了曙光，很想要去更远的地方看看。

2009年，孙小军获得了去日本公费交换留学的机会。在日留学期间，他对日本的技术创新有了全新认知。为期一年的公费交换留学结束后，2010年他又考上了东京大学的研究生。当时他的家里并不富裕，他仅仅带了3000元人民币，挂着双拐又一次去到了日本。幸好当时他的成绩比较好，拿到了东京大学的奖学金，才得以维持基本生活。

孙小军读研究生学的专业是燃料电池，那时的他想为全球能源行业作出贡献，因为当时新能源已经成为全球性的重要课题。在日本读研期间，他偶然了解到在日本购买假肢有公费补贴，随后他安装上了人生中的第一条假肢，挂了15年的拐杖终于放下了。

安装假肢后，孙小军实现了用双腿走路。但在长期使用假肢后，他发现存在很多痛点。比如假肢只能简单支撑身体，它让健肢需要承担更多的体重，很难和大家一样交替上下楼梯，它只是解放了双手的拐杖而已；又如下楼梯时，健全人的膝盖是可以弯曲的，但使用假肢却不能，只能一只腿先下台阶，然后把假肢从上一级台阶移到下一级台阶，再机械地重复这

*早年拄着双拐的孙小军*

个过程；经常使用假肢，让他腰部疼痛，更容易摔倒……于是他就萌生了"自己造一个假肢"的想法。他想造一个智能动力假肢，希望其功能能接近真实的腿，可以感应外部环境，可以感知用户意图，可以如同肌肉对行走助力，可以如同关节灵活地伸直弯曲，实现更加自然的运动，这就是他萌生创业念头的初衷。2015年，孙小军已经毕业，任职于日本索尼公司。为了这个梦想，他毅然辞去了工程师的职位，回到东京大学读博士，开始研发智能动力假肢。他希望利用世界先进的机器人技术，让假肢智能化、动力化，希望能用最好的技术帮助最需要的人。

## 路虽难，梦不止

在孙小军读博的时候，所在的实验室做的主要是人型机器人，从没做过假肢方面的研发，所以他花了很长时间去摸索和学习。他慢慢有了一些想法后，就开始通过软件去设计图纸，然后再根据图纸去做样机，做了样机之后再不断地去测试，不断地去改进。就这样，他在读博期间做了四代样机。

博士毕业后，孙小军想要将自己的研发成果商业化，让更多人用上他的产品，这就需要有团队来一起做这件事。刚开始创业时，只有他自己一个人，寻找志同道合的人非常困难。而且在日本创业，日本求职者来面试，看到他是外国人，会持怀疑态度。他曾"三顾茅庐"去邀请一些技术"大牛"加入，却被拒绝了。组建创业团队，是他在创业期最为困难的事情。而在研发过程中，想要设计出与人腿同样大小的硬件，是一个艰难的挑战。由于动力假肢要穿戴在人的身上，要做得足够小、足够轻，又需要支撑人的体重，并输出足够大的动力来完成一些高负荷的动作。另外，根据人的意图来实现控制并与环境互动也是一个挑战。人们在日常生活中有很多随意的动作，如

孙小军展示智能假肢

何实时、准确地感知人的意图，然后在合适的时间提供合适的动力，对控制算法要求非常高。

经过团队成员的齐心协力，2019年底，智能假肢产品终于研发成形了。这已经是孙小军研发的第十代产品了，为了精益求精不断改进，研发过程的艰辛可想而知。他的第十代智能假肢，是通过电机来提供动力，比之前的几代增加了多种传感器，通过感知人的行为意图来做出相应的动作。这样，使用智能假肢的残障人士就不用完全靠髋关节来发力了。

孙小军的智能动力假肢搭载了六轴力传感器、角度传感器、惯性传感器（IMU）等多种传感器，通过这些传感器感知用户的姿势和运动意图。不仅如此，产品还能通过使用人工智能，对传感器获得的步态数据进行学习，更好地感知用户的意图和环境变化，自动适应并自动调节假肢来适应每位用户的步态特征，帮助用户更轻松自然地行走。

现在的BionicM智能电动假肢，已经不仅是一个假肢了，而是一个装在假肢里的机器人，是一件可穿戴智能设备。通过搭载的众多传感器，可以不断收集用户的步态数据，为用户提供附加价值服务，比如监测用户的步态是否对称、体验变化等；可为用户提供步态建议和健康管理；还可提供数据服务，让康复过程可视化，让训练过程更加高效。值得一提的是，2020年，这个设计从全球52个国家（地区）的4170件作品中脱颖而出，获得了德国红点设计大奖的最高殊荣———红点之星奖（Red Dot: Luminary）。

## 从用户角度去研发产品

市面上绝大多数假肢的外观形态都偏向于纤细小巧，方便隐藏于裤管内，这样的设计往往让残疾人更为自闭和自卑，害怕被人看到假肢，从而难以融入社会，不利于公众对残疾人的认知和接纳。孙小军希望更多的残障人士能够站起来，能够走出去，不仅是身体上的站立与行走，更是心灵上的重新站立。

孙小军展示智能假肢

其实在研发智能假肢机器人之初，孙小军就有了明确的概念，希望做出来的假肢不仅仅只是一款产品，还可以成为用户身体的一部分；不仅在功能上有所追求，更希望在心理上也能给用户带来帮助。所以他认为假肢产品的外观设计也非常重要。他希望用户穿戴上酷炫的智能假肢后，能自信地将之裸露出来，就像现代社会中戴眼镜一样，不再是一种生理缺陷的标志，而可以成为个性和时尚的象征。

基于这么一个设计理念，在东京大学JSK机器人实验室时，孙小军跟随专攻人型机器人领域的博导，经过一年半的研发终于做出一个具有动力，能助力膝盖部位弯曲的样机。这就是现在BionicM智能电动假肢的第一代雏形。同年，孙小军带着自己设计的原型样机远赴美国，参加在得克萨斯州奥斯汀召开的全美SXSW峰会，斩获创新项目奖。这是亚洲人首次获得此奖，这代表着他所研发的假肢已经被国际上所认可，让他对这款产品更有信心。Facebook创始人、特斯拉创始人也曾在这里进行演讲，能够站在这些科技圈"大佬"曾经站过的位置发言，孙小军热泪盈眶。

虽然产品样机已经完成，要真正制造成商品，实现量产，让更多的残障人士用上，还需要走很长的一段路。于是孙小军下定决心，以假肢用户、开发者与创业者三重身份开始了创业之路，他全身心地投入假肢行业，一边研发，一边学习商业知识。

2018年，孙小军依托东京大学的创新环境及在JSK实验室掌握的关键技术，创立了一家在中国深圳和日本东京同步运营的，致力于提高个人移动能力的可穿戴机器人研发生产销售与服务的国际化公司——BionicM（健行仿生）。

## 未来已来，奋斗不止

假肢又称义肢，是一种康复辅助器具，指通过工程技术手段，为截肢者或不完全缺损的肢体专门设计和制作装配的人工假体。从木头、铁质类假肢，到机械式的气液压假肢，再到智能假肢，技术演进不断为假肢赋能。进入21世纪，假肢设计朝着智能化、信息化方向发展，致力于全面提高截肢者生活质量。依托人工智能、脑机接口、虚拟现实、3D打印技术等一系列新兴技术，一些研究者进行了仿生假肢产品的研发和应用。

目前，市场上约99%的假肢都是被动式假肢，即传统假肢。我国面临中高端假肢产品短缺的难题，可供用户选择的智能假肢产品较少。据新思界产业研究中心的报告，目前国内智能假肢市场规模较小，智能假肢生产企业数量较少，市场供给缺口却很大，供给明显不足。

目前，德国的奥托博克、冰岛的奥索等企业生产的中高端假肢产品垄断了国内市场，价格昂贵。如果国内用户想使用体验更好的中高端产品，则会面临选择少、负担重的困境。关于行业未来的发展，孙小军认为如果说传统的被动式假肢是马车，那么智能动力假肢可以理解为能自动驾驶的新能源车，动力假肢是一个蓝海市场，是未来的大趋势。

　　2022年是"中国梦"提出的十周年。中国梦,是每一个中国人的梦!大学时,孙小军希望以后到国外去留学,去国外学习一些先进的技术,将来报效祖国。现在他的这个梦想已经实现,经过6年的研发,他终于做出了智能动力假肢。接下来,孙小军会继续努力将自己所学的技术和所积累的经验用来帮助残障人士,让更多的残障人士用上智能动力假肢,让每一位残障人士都可以过上有尊严的生活。

　　孙小军的智能动力假肢上市发售以后,一位试穿用户的发言让他非常感动:"我以前穿的是传统假肢,在老家经常需要爬坡,爬得多了会感觉很吃力,而且上下楼梯也特别不方便。但是现在试穿了这款智能动力假肢,我感觉走路非常轻松,而且我的步态看起来也非常自如。这是我截肢后3年以来,第一次感受到就像自己的膝关节在迈步一样。"

　　习近平总书记指出:"中国梦,是民族梦、国家梦,是每一个中国

孙小军展示智能假肢

人的梦，也是每一个残疾人朋友的梦。"作为残疾人这个群体中的一员，孙小军想对残障朋友们说：我们首先需要从心态上去接受残疾本身，去克服自身的残障所带来的不利因素，并运用知识和智慧，去和健全人站在同一起跑线上竞争，那样才有赢的可能性，才有改变自己生活的可能性。接受自己，是为了改变自己去除障碍。只有先接受，才能成为更好的自己。目前社会各界越来越重视残障人士事业的发展，各类升学考试和职业资格考试给残障人士提供了改变自我的机

孙小军展示智能假肢

会。此外，现在各种自媒体和直播带货平台，也给残障人士提供了更多平等竞争的机会，希望大家能抓住机会，让自己的生活和事业变得更好。

文：杨智桦

关于冉正万

冉正万，贵州余庆人，作家。出版有《银鱼来》《天眼》《纸房》《八匹马》等长篇小说，中短篇小说集《跑着生活》《树洞里的国王》《苍老的指甲和宵遁的猫》《唤醒》。在《人民文学》《花城》《十月》《中国作家》等刊发表过长、中、短篇小说若干。曾获花城文学奖新人奖、长江文艺短篇小说双年奖、贵州省政府文艺奖一等奖。

# 我就是那条鱼
## ——冉正万的写作梦

从《银鱼来》到《鲤鱼巷》，为什么选择用"鱼"来表达？冉正万说：写《银鱼来》的那段时间，是因为在野外的时候，看到山洞里的银鱼是透明的，它很娇弱，但也是很伟大的生命，就像每个人在自己的空间里，我们也是透明的，我感觉"它"就是我，我就是"它"，就是这样。贵州作家冉正万，过去十年笔耕不辍，进行着独具风格和本土印记的文学创作。贵州奇异的自然风貌和多民族的瑰丽文化，为他的文学创作提供了丰富的资源，也塑造着冉正万作品文字独特的内在品性和文化，更是记录了黔中大地日新月异的发展和变迁。

冉正万

# 贵州视觉：关注贵阳小街小巷

一条市井小巷，一个关于召唤与告别的寓言，一封写给贵阳老巷的情书……冉正万10余篇作品的短篇小说集《鲤鱼巷》2022年出版发行。贵阳老巷子——鲤鱼街，冉正万不下百次来过这里，或路过或来此消费，甚至没有目的在里面闲逛。他一向擅长贵州乡土民俗题材，因创作短篇小说《鲤鱼巷》，首次将视角投向自己生活了20多年的城市。冉正万说，贵阳的小街小巷很有特点，生活气息浓郁，烟火气十足。

为了追溯老巷子的历史，冉正万不仅聆听老居民讲述鲤鱼巷，还查找了相关史料。很多年以前，这里有几十户人家，山上泉水流到此处，人们造田种水稻，水田里鲤鱼活蹦乱跳，于是取名鲤鱼田。村寨形成后，改名鲤鱼村。再后来城市将其包围，稻田不见踪影，农村迹象消遁，鲤鱼村变成鲤鱼街。老人说，20世纪80年代初还有几块稻田。如今，老街两侧的房子或高或低，或大或小，像一条老鲤鱼的鳞片。"现在的人很难想象鲤鱼街一带发生过多么大的变化。"

文学评论者李巽南说，《鲤鱼巷》描绘了贵阳老巷子原汁原味的店铺街貌，老巷居民的原生态生活以及市井烟火中的精神追求，这种变化在作家冉正万的眼中，一如鲤鱼巷从鲤鱼田、鲤鱼村演变而来的变迁，是时代变化、文明进程的缩影。以独具特色的黔地文化、细腻鲜活的人物刻画、贴切生活本真的内容呈现，以及人性和现实的深层挖掘，聚焦对信念、良知的坚守。

在《鲤鱼巷》新书发布会的现场，这本描述本土街巷的小说得到众多读者和市民朋友的追捧。冉正万说，确实有点意料之外，没想到这么多人对贵阳这么有兴趣，这对我写作本身也是个提醒，要继续把身边的事情写好，不要写离我生活太远的那些东西，本身自己不熟的话，会有隔膜。

鲤鱼街门牌与《鲤鱼巷》小说

冉正万认为，凡是"新的来、旧的去"，都是历史的正常进程，变化寓意着新的生机，作家应该跳出个人情感色彩，以客观的视角看待乡村和城市的蝶变与发展。比如在冉正万的黔北老家余庆县，大量农村劳动力涌入城市打工，原来的村子虽然空壳了，当地的野生动物数量和种群却越来越多，生态环境也越来越好，300年前，那里没有人烟，300年后如何现在不知道。把自然还给自然，也好。

《人民文学》卷首语中评价写道：冉正万的作品立足于西南山地的文学世界，写作手法极其鲜明，作品里的现实性来自于客观的自然地理环境，正是因为这种独特的地理环境，深深影响着他的生产方式和思维方式，使他的"理想主义世界"能够在作品里得以体现。

## 贵州题材：看得见、有感情，才有话可说

关于为什么一直钟情于讲述贵州本土故事？冉正万的理由是：看得见、有感情，才有话可说。

冉正万说，小说里的人物和故事全是虚构，但也是客观世界在作家内心里的真实投射，要把虚构的内容写好，离不开对客观世界的真实观察。比如描写街道、店面，"一定不是凭空想象的"。事实上，小说《鲤鱼巷》中的每一个店铺，都在这条巷子里真实存在，连顺序都没有错。冉正万说：只有真实地描写细节，故事才不会假。

冉正万

故事不能生造，灵感来自于对生活的细致观察和深度体验。冉正万说：短篇小说最利于留住稍纵即逝的灵感。并不是贵阳所有的巷子都能进入小说，冉正万说："每条巷子都有属于自己与众不同的故事，但要变成小说还得契机成熟，忌讳生搬硬套。"他认为，小说不一定都写有意义的内容，但故事一定要合情合理。意义是从文本里透露出来、自然而然的旨趣和事理，先就赋予意义，有可能是味同嚼蜡的概念。

# 贵州少年：雪地里读书的少年郎

冉正万出生于贵州遵义市余庆县一个叫黄土湾的山村，从小酷爱阅读。一个冬天，还在上初中的冉正万借到了《三国演义》，屋子里烟熏火燎，家里穷，不好点煤油灯。他提了个小板凳坐到雪地看，被跌宕起伏的故事吸引，浑不觉身上寒冷。

一个炎热夏夜，家人让他守水渠，他借着亮堂堂的月光忘情地啃着厚厚的书，水渠里的水什么时候被人偷了都不知道。上高中后，他省吃俭用，买下的第一本书是作家金河的短篇小说。这是他第一次读到当代作家的短篇小说。

除了阅读，冉正万从小也喜欢听故事。无论是听村民们用山歌、花灯调唱出的人间悲喜，还是行走南北听不同人回忆往事，各式各样的故事对冉正万都具有强烈的吸引力，专注于故事对他来说就像吃饭一样平常。

冉正万说，他是参加工作后才开始写作的，那个时候在地质队，有时间跑野外，有时候一去就是几个月，都会带上书，一边阅读一边写作。曾经还会把每天做的梦记下来，为此他买了一个很大的笔记本。冉正万说，这对自己的写作也有很大的帮助，让他用文字去还原梦境。曾经作为地质队员在田野中风餐露宿的人生经历，更馈赠给他无数的奇闻异事。他想把其中有趣的、难忘的故事记录下来，便在20世纪80年代文学热的影响下开始了文学创作。

从《银鱼来》到《鲤鱼巷》，10年的时间，为什么都选择用"鱼"来表达？写《银鱼来》，是因为在野外的时候，冉正万看到山洞里的银鱼是透明的，它很娇弱，但也是很伟大的生命，就像每个人在自己的空间里，我们也是透明的，冉正万感觉"它就是我，我就是它"。

10年前创作的《银鱼来》，主要描写了黔北十万大山中四牙坝村的历史变迁和祖祖辈辈生活在那里的人们经历的悲欢离合。《人民文学》主编施战军曾高度评价《银鱼来》：打眼看去，百年史、乡村民间、宗族之争这三大常规要素仍然顽固，再去细读，这部长篇分明显出了并不那么安分守成的突破性价值——有所敬畏，有所珍重。《银鱼来》沉实，鲜润，节奏不疾不徐，内里波翻浪卷。

进入新世纪以来，经济发展开始加快城镇化进程，传统文化经历着向现代性转化的历史过程，在贵州地区出现了民族作者的文学创作多元化、多样化的发展势头。作家所需要的是静下来，从生活中、精神上放慢自己的速度，写一些厚重的作品。

近年来，贵州作家在文艺创作上，深入生活，反映时代。不断推出有"声音"的精品力作，在城市、农村、社会层面凝聚起强大的文学力量。新时代贵州精神在多形式的文艺作品中不断丰富、升华，提振贵州文化自信的精气

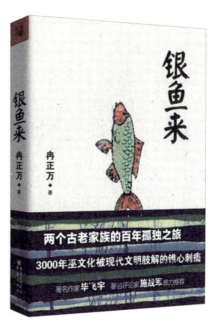

《银鱼来》

《鲤鱼巷》

神。以"黔山七峰"欧阳黔森、唐亚平、冉正万、王华、谢挺、戴冰、唐亚林为代表的一批贵州作家，以及肖江虹、肖勤等中青年作家的出现，把贵州文学推向了一个新的阶段。贵州作家多次斩获鲁迅文学奖、全国"五个一工程奖"、少数民族文学创作"骏马奖"等全国性文学奖项，频频登上国内重要文学刊物，作品被改编为影视剧广泛流传，受到全国文学界的广泛关注。可以说，通过一代又一代贵州作家的努力，贵州文学正在逐步走向全国文坛的核心圈，有了更多向全国人民展示魅力的舞台。

冉正万文字里的灵气让他的作品辨识度高，有着纯正的西南风格。贵州民族大学文学与传播学院教授张思源说，在品读冉正万的作品《纸房》《进城》时，从其文字中读到了乡土题材的魅力，内容贴近生活本真，写实性地呈现了作者对生命的态度。

冉正万说，有什么样的山水，就有什么样的文化和故事。贵州独特的

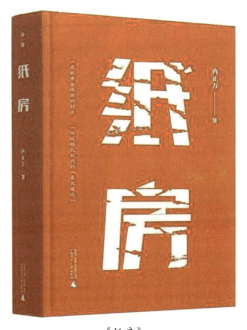

《纸房》

地域文化，是生活在这片土地上的作家最大的资源和优势。

十年前的《银来鱼》，十年后的《鲤鱼巷》。冉正万说，我就是那条鱼。记录自己，更是记录十年来黔中大地的发展和变迁。

未来，冉正万会继续用文字记录脚下的这片土地！


文：申　炜

关于穆维平

**穆维平，**1973生于贵州省开阳县。著名男高音歌唱家，中国声乐家协会副主席，中国民族男高音声乐艺术研究会副会长，中国音乐家协会会员，贵州大学音乐学院院长，贵州省省管专家，国家一级演员，三级教授，硕士研究生导师。演唱代表作品有《情姐下河洗衣裳》《幸福亻革家》《情满亻革乡》《望牛山歌》《一梦醒来是贵州》《天渠》等。 曾获中央电视台第十届"全国青年歌手电视大赛"职业组民族唱法优秀奖，2002年"中华民歌演唱大赛"铜奖，中国音乐金钟奖优秀奖，首届"多彩贵州"歌唱大赛"金黔奖"等。被著名男高音歌唱家阎维文誉为"清纯、质朴、情姐下河洗衣裳第一人"。

# 与"情姐"相守22年背后的故事

## ——穆维平的民歌梦

　　"情姐下河哎，洗衣裳咯……"著名男高音歌唱家穆维平的歌声一出来，清透且回味悠长，如清凉的泉水潺潺流进心田。22年来，一曲"藏在深山人未知"的贵州仡佬族民歌《情姐下河洗衣裳》成了传唱全国的经典民歌，更是被中央电视台《民歌中国》栏目"中国民歌博物馆"永久收藏。2021年，石阡县"仡佬族民歌"成功入选国家级非物质文化遗产代表性项目传统音乐类项目。著名歌唱家阎维文称赞穆维平为"情姐下河第一人"。一首歌，承载了民族文化的传承和印记，也见证了时代的发展和变迁。

穆维平

# 情姐下河洗衣裳

《情姐下河洗衣裳》是一首富有情趣的贵州仡佬族民歌，它精致描摹出林间河畔爱人之间打情骂俏的生活场景。带有西南地区山林风味的竹乐器，尤其是一点点摇摆节奏的音乐风情，仿佛不经意的一笔，画出爱在心头口难开的微妙情愫。

仡佬族的民歌，按照其传统方式分类，可分为：勾朵以，即山歌；达以，即情歌；达以惹普娄，即酒歌；哈祖阿米，即婚俗歌。仡佬族的乐器有二胡、横箫、唢呐、锣鼓等。其"八仙乐"极富民族特色，音调十分和谐动听。

20世纪七八十年代，在黔东北仡佬族群众中流传着很多原汁原味的民歌山歌，铜仁市石阡县农民歌手毛呈祥在十里八乡为群众演唱《情姐下河洗衣裳》《打起花窗好望郎》《半路正撞情哥哥》等民歌，在黔东北各族群众中有了很好的基础和口碑。由于当时条件所限，《情姐下河洗衣裳》的演唱形式和谱曲不是很规范，未能推广出去。

穆维平

2000年，一台民族歌舞剧《好花红》即将参加在北京举行的西部文化周，需要采集贵州17个世居少数民族最具代表性的歌舞节目。晚会音乐总监邓承群、杨小幸两位老师挖掘到了这首仡佬族民歌，并根据穆维平的声线融合创作，打造出了这首经典民歌，广为传唱至今。

## 来自乡土的音乐启蒙

穆维平音乐的启蒙，始于贵州开阳县一个叫"花梨"的小山村。父亲是一名小学老师，母亲在家务农。每天父亲下班后，从山巅的小学步行回家，总会远远地唱着山歌回来，听到嘹亮山歌，三兄妹就会跑出家门去迎接父亲，母亲在脚踏缝纫机时也喜欢哼几句本土山歌。夕阳里、月光下，一家人坐在门前院子里的大树下，三兄妹轮着表演，其乐融融。

从小的耳濡目染，让穆维平的艺术天赋早早显现，五六岁时他就参加村里、乡里的花灯演出，家乡的黔北花灯包含了民间小调、民间故事等，

穆维平

穆维平

小小的穆维平就在其中跳"幺妹"，每次参加这样的活动都特特别地高兴。小小的他没想到，这一唱一跳就是40多年，从家乡群众演出的小乡场，一直唱到了央视的大舞台，地方戏曲对自己音乐的启蒙有着深远的影响，那是土地里生长出来的文化对自己的浸润和滋养。

　　由于酷爱唱歌，在父母的支持下，从上高中开始，他就在课余时间到贵阳找专业的老师学习声乐，为自己的音乐梦想不断跋涉。1993年，穆维平独自一个人去参加了高考，在报考贵州师范大学时，他碰到了贵州声乐泰斗毕昌兰教授，她很关心地问："小伙子，你考了哪些学校啊？"穆维平回答后她接着说："报师大好，我们有本科读。"老教授的一句话，给穆维平带来了信心和力量。高考结束那天，穆维平和同学去吃了一顿小笼包，还到路边卡拉OK唱了3首歌表示庆祝，那是他无法忘怀的青春记忆。命运不会辜负踏实努力的人，当年，穆维平如愿考上了贵州师范大学音乐系。

　　2002年，第十届全国青年歌手电视大奖赛在京举行，穆维平将《情姐下河洗衣裳》带上央视的舞台，唱响神州大地，郭兰英、郭颂两位民歌大师作为大赛评委，点评穆维平演唱的《情姐下河洗衣裳》像"冰凉的矿泉水潺潺流进观众的心田，歌曲带着原生态的人文气息和情歌元素，清甜而回味悠长"。两位民歌大师赛后更是鼓励穆维平要坚守贵州民歌的优秀传承。

《情姐下河洗衣裳》这首歌已经融入了穆维平的生命，舞台上演唱了上千次，每次演唱都会有新的感动和收获，他对脚下的这片土地有更多的情感和依恋，民族音乐也需要不断地传承创新它的表达方式。

## 化"歌"为"剧"

2017年，仡佬族音乐剧《情姐下河洗衣裳》为观众展现了一幅贵州世居民族仡佬族曼妙的风情画卷。男主角"春生"出场，嗓音一亮，全场为之掌声雷动，此"春生"就是该剧的主创穆维平。故事讲述明代末年，在石阡的花桥和尧上发生的一段仡佬族浪漫爱情故事。花桥的年轻后生春生在为母寻药过程中邂逅尧上大户人家的小姐云烟，两人一见钟情，以歌定情。当春生再次遇上云烟之时，却被云烟父亲张百岁横加阻拦。张百岁年轻时也是以善歌闻名的歌师，最后，张百岁为年轻人的真情和歌艺折服，同意了女儿与春生的婚事。故事在大团圆喜庆的氛围中落下帷幕。

剧目中，部分主演是穆维平的学生。贵州省青年男高音、中国音乐金钟奖贵州赛区金奖获得者敖正燚，有着和师傅穆维平一样清透明亮的唱腔，被称为"小穆维平"，一直在挖掘和丰富贵州少数民族音乐上不断探索。女主角"云烟"的饰演者范丹阳，饰演"张百岁"的杨飞，饰演"银铃"的蒋京玲，饰演"秋雨"的周栩含也都是穆维平的得意门生。剧内剧外，学生们都喜欢称呼穆维平为"师父"，这是一个庄重而又亲切的称呼。

穆维平经常说：学生们都喜欢叫我师父，而这背后也是一份沉甸甸的责任。如今，作为贵州大学音乐学院的教授，他将自己在舞台上和学习生

穆维平

活中积淀的知识传授给学生，培养了不少青年音乐家。当学生进步、小有成绩时，自己心里也会充满幸福感和成就感，艺术的传承需要年轻一代艺术工作者不断去挖掘、探索、表达，推出更多像《好花红》《情姐下河洗衣裳》这样的经典民歌。

跟着歌声走贵州，自己的音乐作品见证了贵州十年来的飞速发展和日新月异，《天渠》《一梦醒来是贵州》《多彩贵州等你来》《幸福与你牵手》《老百姓的微笑》等几十首歌曲，俨然一部记录贵州发展的音乐纪实录。

穆维平眼中的贵州腔调，就是这片土地上的老百姓对生活无限的爱和对民族文化的传承。2022年是"中国梦"提出的十周年，家国梦和自己的音乐梦息息相关。穆维平说，未来会继续用音乐传递家乡情怀，传承多彩的贵州民族艺术文化，讴歌这个伟大的时代！

文：申　炜

关于余太湖

　　**余太湖,** 1966年生于贵州金沙,1984年到贵阳务工。修过车,开过长途车,现为贵阳汽车客运有限公司出租车司机。从2011年开始一边开出租车,一边为乡村小学公募课外读物,被称为"讨书的哥"。曾先后获得"金沙县好人""贵阳市好人""贵阳市文明出租车驾驶员""贵阳市交通系统学雷锋示范标兵""贵州省好人"等称号。2017年当选"CCTV年度慈善人物"。2018年获第十届"中华慈善奖"。2022年被选为第七届"优秀春晖使者"拟表彰对象。

# "讨书的哥"和"余爸爸"

## ——余太湖的十年公益路

　　"起步，停车。又一位旅客，又一本书。是你，让每一段平凡的路程，镌刻下无数温暖的脚步。看呀，孩子们都在宁静地阅读。而你，一直在奔跑中忙碌。"

　　这是中央电视台在第四届年度慈善人物颁奖晚会上给贵阳"讨书的哥"余太湖的颁奖词。

余太湖在第四届年度慈善人物颁奖晚会上

在贵阳的大街小巷搭乘出租车，若提起这位"讨书的哥"，其他的"的哥"们都知道。这位56岁的"讨书的哥"并不富有，他修过车，开过长途，后来又跑起了出租车，生活才逐步稳定下来。

由于小时候家庭条件艰苦，读书少，步入社会后的经历让余太湖深切感受到了知识的重要性，因此他相信"一本好书、一句好话、一件好事都可能会改变一个孩子的一生"。于是，余太湖萌生了给家乡的学校送书、建图书室的想法。

书从哪里来？就从社会力量来。余太湖认定目标，便开始了他的"讨书"生涯。一边跑车，一边讨书、送书。在这条路上，他已经走了十年。

## 我什么也不图

这十年间，为了学生和学校"讨书"，余太湖的脚步已遍布贵州各地，行程至少15万公里。他的家境并不殷实，除去公益开支，余下的收入只够自己基本的生活开销。记者问他：这么拼，图些什么？余师傅眼角的皱纹挤在一起，咧开嘴笑着回答："我也不知道我图些什么，我只知道我要这么做。"他说："以前我没有钱，没有读到什么书，所以希望更多的孩子能读到书。我希望能帮助更多有困难的孩子读书，把我没读的书都读完，把我没走过的路走完。实际上，我真的说不清楚这些年来我这样做，究竟是为了什么。但是有一点我很清楚，既然已经走上了这条路，我就得坚持走下去。"

2018年，贵州众恒助学中心成立，这是余太湖在"单打独斗"7年之后正式注册成立的公益组织。他想以公益组织的形式汇聚更多的爱心力量，将公益助学进行到底，帮助更多需要帮助的学子。

我什么也不图

从一个人，到一支队伍，十年时间，"讨书的哥"团队已经为贵州山区学子送去了50万册书、15万件学习用品、13万件体育用品，余太湖挂牌成立的图书室有101个。

通过贵州众恒助学中心"手牵手"帮扶项目，他资助了783名学生，其中已大学毕业的有30人，大学在读的有10多人。这些孩子亲切地称呼余太湖为"余爸爸"。

## 播撒公益的种子

在余太湖投身公益的同时，他的善举也将公益的种子播撒开来，激励着更多的年轻人参与公益事业。就读于遵义医科大学医学与科技学院的王印，是2020年在村干部的帮助下认识余太湖的。王印说，在他的心目中，虽然"余爸爸"只是一位普通的出租车司机，但是他却做着一件非常伟大的事。他总是细心地接待每一位乘客，并且总是询问他们是否有多余的闲置图书。只要有可能，"余爸爸"就会说服乘客捐出一些书。他把这些书整理之后，分批给偏远山区的孩子们送去，使他们有更多阅读和学习的

正为同学理发的王印

机会，让他们能通过书籍了解到更广阔的世界。"余爸爸"每天不是在讨书，就是在讨书的路上，是他用书铺就了孩子们的上学路。尽管"余爸爸"自己的收入也不高，但他一直坚持做爱心公益活动。

"余爸爸"平凡而伟大的事迹，深深地影响了王印。在"余爸爸"的影响下，王印现在也在公益路上做着一些力所能及的事情。比如在学校无偿献血。在发生新冠肺炎疫情封校期间，临时当起"Tony老师"免费为同学们理发的事情，王印自认为微不足道。这件事情得到社会关注之后，他也有一些成就感，对做公益也有了新的认识。王印说，如果没有遇到余太湖，他的生活中可能会缺少一些惊喜和一些成就感。王印在认识"余爸爸"之后，深受他不计得失帮助别人的影响。"余爸爸"的公益精神一直伴随着他，在他心里种下了一颗做公益的种子。虽然自己现在还没有"余爸爸"那么大的力量，不能像他一样去帮助那么多的人，但自己也见贤思齐，在确保自己能够顺利完成学业的同时，尽量去做更多的公益，多为别人做一些力所能及的事，多为社会贡献自己的力量。

## 最大的收获

一路爱心的接力，余师傅在这些公益活动中奔走，有辛苦、有艰难，更有收获和肯定。他先后获得了"金沙县好人""贵阳市好人""贵阳市文明出租车驾驶员""贵阳市交通系统学雷锋示范标兵""贵州省好人""CCTV年度慈善人物"等荣誉……然而对于他来说，最大的收获，是这十多年来在贵州乡村建成的多所图书室和所资助的这些孩子。

余太湖说，自己走上公益这条路已经整整十年，做了十年公益最大

余太湖（左）为贵州众恒助学中心建成的图书室挂牌

的成果，是已在山区乡村建立的101个图书室， 以及通过"一帮一·手牵手" 爱心帮扶活动资助了大量学子。在这些获得资助的学子当中，从大学毕业、就业、结婚的已经有30多人了，余太湖认为这是让自己最为欣慰的成就。

因为自己的生活曾经留下过缺憾，他不想看到一些孩子的生活再产生同样的缺憾，于是他一直在能力范围之内帮助孩子们实现心中的读书梦想。

## 家人的支持

对于那些怀有读书梦想的孩子来说，"余爸爸"已经为他们尽了全力。然而，余太湖却觉得有些愧对家人。他说："说句实在话，我对家里很愧疚。这么多年来，我们家吃得并不好，只是能吃饱；穿得也不是很好，只能保证不会冷。也就是说，我只能解决家里的温饱问题。虽然没有物质方面的享受，只能够满足温饱，我觉得还是很幸福，很开心的。"

"讨书的哥"余太湖

家，是社会的最小单元，是我们生活的基本盘。家人的支持，是余太湖背后的坚强支撑。

余太湖的妻子秦女士说："他又要跑车又要做公益肯定累，但是他想为家乡做点事情，再累也要坚持。我就跟他说，你自己愿意做的事，再累也要扛起来，就做到力所能及的程度就好。以前去乡下送书时，走的那些路很烂，都是稀泥路。我和他去送过几次书，路上的泥深到能淹到大腿这里。以前去送书，因为有些地方路不好，车子进不去，所以到达以后，只能把那些书抬下来，让老师和学生们一起来搬运，步行一截路才能送到学校。现在到处的路都修好了，可以直接送去学校。那些孩子得到这

愧对家人

余太湖夫妇在家门口

夫人的支持

些书，当然是很好的。因为我们小时候那个年代，能看到这类课外书的机会很少。还别说是在农村，我家就是贵阳城里的，我们小时候能看到的课外书都很少。他做这件事，一开始我也曾反对过。因为他去送书，要自己出油钱、出过路费，这些开销费用都要自己出，会让我们家的经济困难一些。一开始我还是有些抱怨，说他一天去送这些书，自己什么好处也没有，还讨得累。我这样讲过他几次。但是他仍然坚持要为家乡做好事，我只能支持他。"

秦女士谦虚地说："我为他做不了什么，平时只要把家里安顿好、收拾好就行了。我也帮不了他什么，我还像以前一样，尽量帮他打理好家里吧。"

## 困境与梦想

今年4月，余太湖曾在朋友圈发了一条题为"爱的坚守"的消息，透露出助学中心可能遇到了困难。

但余太湖却说："贵州众恒助学中心已成立了3年，最近可能因为各

助学中心的困境

人的想法不一样，意见难以统一，当然这其中很大的原因肯定在我。助学中心可能会继续做下去，也可能会被注销。如果经过我的努力，这个助学中心最后还是被注销了，那我可能就会回到以前的状态，以个人的名义，凭个人的能力尽量去做。但到那时，我肯定还会尽最大努力重新注册一个新的助学中心。我已经走上了这条路，现在不用说还走不走的问题，而是要怎么走，怎么才能做得更好的问题。我已经选择了个人认为的对社会、对别人，甚至对自己都很好的一条路。所以说不管遇到什么困难，无非就是困难大一点或小一点，解决得顺利一些或者不太顺利。但这条路我肯定是要走下去的。"

谈到自己的梦想，余太湖说，按照自己的想法，既然已经走上了公

余太湖（右四）在众恒助学中心

余太湖获得中华慈善奖

益这条路，让所有喜欢看书的孩子都有书看，让所有想上大学的孩子都能有机会上大学，这就是自己未来十年的梦想。他坚信，只要他一直坚持下去，肯定会得到很多爱心人士的支持，会有媒体的关注，他相信自己这个梦想肯定会实现。

"讨书的哥"的梦想

　　一直在路上奔忙的余师傅，又踏上了"讨书""送书"的征程。这份平凡的坚守，点亮的是无数山区孩子的梦想。当这份梦想照进现实，相信会有更多的梦想被点燃，生生不息。

文：范晶晶

关于马筑生

　　**马筑生，**1953年生于贵州省贵阳市。贵阳学院教育科学学院副教授（退休）；曾任中国寓言文学研究会副会长；现任全国师范院校儿童文学研究会理事长、学术委员会主任、《儿童文学信息》（电子版）主编。主要研究方向：儿童文学、寓言文学、民间文学。主要著述：《贵州儿童文学史》《儿童文学教程》《当代儿童文化新论》《贵州童谣》等系列图书。

# 用童谣唤醒每一天

## ——马筑生的儿童文学梦

他已退休多年，每天清晨6点他便准时起床，洗漱后先到住所附近的贵阳市小车河湿地公园散步、打太极拳，晨练完毕回家吃早餐之后，他会通过"美篇"平台发表一首童谣，然后转到自己的微信朋友圈，标题前都会冠以"贵州童谣·筑生播报"，后面加上当天是第几期的编号，如今已经坚持发布了两千多篇。他，就是儿童文学作家马筑生。

### 坚持每天创作

童谣，从时光深处走来，是过去岁月充满童趣的片段，也承载着一方水土的文化基因。作为童谣的守望者、传承者，马筑生

贵州童谣.筑生播报.2016
抗疫期生活童谣 这爱心（添加叮咛调）马筑生/原创，笔嘟嘟，原曲
2022-09-09
其他 ☺ 37 ♡ 4 ◻ 0

贵州童谣.筑生播报.2015
抗疫期生活童谣 敝门罩（杂言式）马筑生文/原创，小宝宝，鑫原颂
2022-09-08
其他 ☺ 305 ♡ 21 ◻ 3

贵州童谣.筑生播报.2014
抗疫期生活童谣 洗手多（杂言式）马筑生/原创，小宝宝，鼎作浪
2022-09-07
其他 ☺ 515 ♡ 34 ◻ 4

贵州童谣.筑生播报.2013
抗疫期生活童谣 标面（添加叮咛调）马筑生文/原创，贵州谣谣儿.组
2022-09-06
其他 ☺ 574 ♡ 15 ◻ 3

贵州童谣.筑生播报.2012
2022-09-05
其他 ☺ 559 ♡ 30 ◻ 2

贵州童谣.筑生播报.2011
2022-09-04
其它 ☺ 563 ♡ 25 ◻ 4

贵州童谣.筑生播报.2010
2022-09-03
其他 ☺ 550 ♡ 26 ◻ 3

贵州童谣.筑生播报.2009
生活童谣 篱疤没灯笑（三言土逗式）马筑生文/原创，山比森，水虫
2022-09-02
其他 ☺ 630 ♡ 37 ◻ 5

贵州童谣.筑生播报.2008
生活童谣 回家欢鹏（添加叮咛调）马筑生文/原创，老把把，军野鹏
2022-09-01
其它 ☺ 681 ♡ 33 ◻ 5

马筑生近期发表的童谣

马筑生

正用一首首贵州童谣记录时光、唤起回忆。

"余家坝，二戈寨。三板桥，四方河""挤油渣，挤油渣，挤出油来炸粑粑"……曾几何时，这些朗朗上口的童谣流传在贵州的城市和乡村，一句句，一声声，是所有贵州人挥之不去的童年美好记忆。长大后，我们或忙于工作，或背井离乡，以致渐渐淡忘了那些亲切的童谣。

2000多个日子里，每天坚持撰写贵州童谣并发表，已经成为马筑生的生活习惯，从未间断。朋友们都劝他，说没必要天天写。但是他如果不写，总觉得缺了点什么，会不自在。他没想到，自己每天发表一则的"筑生播报"，阅读量居然挺高，每首童谣一般都有六七百至一两千阅读量。去年9月份，马筑生写的一篇描写"土拨鼠和鸟"的小故事，发布以后甚至获得了十多万的阅读量，马筑生的朋友圈里面，有很多研究和喜爱儿童文学的朋友，都在转发他的作品。他说这是实验性的创作，主要针对当前童谣创作中出现的一些不良现象——题材空洞化、构思一般化、语言成人化、口气生硬教训化、表现形式单一化、表现手法陈旧化等等。现在他已

马筑生

经创作了2000多首童谣，其中《老鼠咬肥皂》《呼啦圈》《吃早点》《吃梨》《糕粑稀饭》等5首被选入大学儿童文学教材。

## 记录儿时记忆

关于童年的记忆和过去的时光，到哪里去寻找呢？马筑生选择用童谣的方式来记录。他回忆小时候，放学回家路上就是最快乐的时光，约上同伴，带上一个提篮，好顺便采点野菜。那时候吃的东西金贵，几乎哪家都要吃点野菜的。虽是小孩子，但他认识的野菜可多了，什么剪刀菜、灰灰菜、鸭脚板菜、龙爪花（蕨菜）、鱼鳅菜、猪鼻拱、首乌尖等等。野菜是能挖多少挖多少，家里大人是不对孩子们寄予什么太大的希望的。他们跑到山坡的草地上，一大乐趣是逮蚂蚱，草地上有"尖蛋姑"（尖头蝗），"花腿蝗""喳喇子"（蝈蝈）。最希望逮到一只"麻大海"（体型很大的蝗虫），用一根棉线拴住"麻大海"身体，让它带着棉线飞，跟着在后面追，边追边大声念童谣：

"麻大海，飞飞飞／小腊狗，追追追／追到哪点去？追到那点去／追到那点干哪样？我不告诉你！"

伙伴们高兴得大喊大叫，快乐无比。

马筑生回忆，自己对童谣最初始的兴趣，应该是源于母亲。记忆当中，在他很小的时候，母亲会抱着他，口中唱着童谣《我家有个胖娃娃》逗乐。家住贵阳市黄金路时，有一位邻居"根生妈"，老来得一子，喜欢得不行，常将儿子抱坐在膝上，一边摇一边念童谣《推磨杠》。这些童谣，深深地镌刻在马筑生的记忆深处，他对童谣的兴趣，就是这样开始的。后来他学的专业是儿童文学，童谣是儿童文学的一种重要体裁样式，收集研究并创作童谣，成了他的工作内容，他更是乐此不疲。

马筑生

## 推广黔味童谣

贵州民族民间童谣资源十分丰富，自古就活跃于民间，尤其是在孩童的口耳相传中，在小伙伴的游戏中进行传递。这些童谣大都在音不在义，却总能时时反映出贵州地域各时代的丝丝脉动。贵州童谣节奏生动明快，

《贵州童谣》丛书

和谐的音节、独特的韵律，有滑稽喜性、诙谐幽默、语趣生动、率真质朴、欢快明朗、朗朗上口、通俗易传的特点。

经过长期收集、整理，马筑生的《贵州童谣》丛书于2019年出版。该丛书共选入贵州各民族、各地域的民间童谣144 首，不仅配有精美的插图，还可以扫描二维码欣赏用贵州方言诵读的书中所有的童谣，看到演示童谣内容的视频，可以带领读者重温童年的美好岁月。选编这套书的初心，是向国内的孩子和同行们介绍在多元族群共生的土壤中孕育出的黔味童谣，展示原汁原味的贵州作品。

这些童谣大都短小精悍，却有着浓郁的地域特色、方言特色以及原始的风味，是他在从小到大几十年的日常生活中和关于儿童文学的教学、研究中所积累下来的。马筑生从1980年开始在贵阳师范学校教儿童文学，后来到了贵阳学院，还是教儿童文学，他从那时就开始注意收集贵州的童谣。他从小孩子的游戏中，从各种文献古籍中，从童年的记忆中，从学生的作业中，从地摊书中广泛收集，通过各种方式，共收集到2000多首贵州童谣。

童谣是儿童文学的重要组成部分，与童话一起被称为儿童文学的两大支柱。中国童谣有几大流派，如以北京童谣为代表的华北童谣流派、以潮汕童谣为代表的粤方言童谣流派、以江浙童谣为代表的吴方言童谣流派、以陕甘宁童谣为代表的西部童谣流派等。贵州童谣虽是中国几大童谣流派之一，却没有受到重视，应该研究整理出来，让大家都知道贵州的童谣。

在《贵州童谣》丛书里，马筑生最喜《洋耳洋耳传传》和《编花编朵》这两首童谣，因为它们是小时候经常玩的游戏，生活意趣浓厚。

## 《洋耳洋耳传传》

众孩子：洋耳洋耳传传，火烧火烧传传。

老师公，请起喽！

老师公：太阳落坡没得？

众孩子：落喽！

老师公：猪儿赶回家没得？

众孩子：回家喽！

这是一首在贵阳广为流传的童谣，一群孩子先用"石头、剪刀、布"的方式选出一人做"老师公"，"老师公"席地而坐，其余孩子们围着"老师公"转圈，并一起念这首童谣，与"老师公"进行问答。童谣中说的"洋耳"是贵阳的一道凉菜，主料为洋萝卜花和银耳。这首童谣充满意趣，念起来很有画面感。

此外，贵州儿童文学的整体创作一直是马筑生最为关注的，他也撰写了大量相关的儿童文学评论和理论文章，并结集出版为《贵州儿童文学

马筑生

史》。这本书所叙述的民族民间儿童文学，涉及包括在贵州地域内居住的汉族、苗族、侗族、布依族、穿青人及屯堡人等族群的儿童文学，发掘出许多特色鲜明的新鲜史料。比如众人皆知的"灰姑娘"型童话，其实最早就起源于黔东南的侗族聚居地区，而后才向中国的东部、东南部口头流传开来，然后被《酉阳杂俎》一书记载下来，发展成为叶限姑娘的故事。

过去的10年，马筑生用童谣记录了这些乡音里的文化遗产和时代的变迁。未来，他还期待贵州的童谣能以更加多元的视角呈现在大家面前。随着时代的发展，传统的贵州童谣或许正在随着时间逐渐消逝。马筑生认为，它们是祖祖辈辈口口相传下来的生活智慧和情感的结晶，语言纯真而朴实，它们一定会以新的方式继续流传下去。

这些活在历史深处的贵州童谣，正以蓬勃的力量向上生长。因为有了马筑生这样的记录者，我们会更加热爱脚下的这片土地。

文：申　炜

关于王时芬

**王时芬，**扎根职业教育20多年，创办了贵州省第一所民办高职院校，现为贵州城市职业学院党委副书记，已为社会输送了4万余名职业技能人才，被评为省属高校系统优秀党务工作者。

# 三迁校址初心不改

## ——王时芬的民办职业教育之路

2022年5月1日，新修订的职业教育法开始施行。其中首次明确，职业教育是与普通教育具有同等重要地位的教育类型，并对职业教育的内涵作出完善，着力提升职业教育认可度，让职业教育真正"热起来""香起来"。

这条消息的发布，让贵州城市职业学院董事长王时芬兴奋不已，职业教育迎来了新的发展契机。在她看来，新修订的职业教育法明确了职业教育是与普通教育具有同等重要地位的教育类型。这无论是对职

王时芬在办公室

业教育工作者，还是职业教育的学生来说，都是莫大的鼓舞。

# 从做劳务输出到办职业教育

20多年前，正是中国改革开放最火热的时候，中国东部的沿海地区成为打工热门目的地。当时，王时芬和丈夫周鸿静也加入到打工大军中，南下广东。在这段时间里，夫妇俩深知打工者的难处：文化程度低找工作难、工作经验少找工作难、职业技能缺乏找工作还是难……他们看到身边有不少农村来的打工者徘徊于大城市，茫然无助。存了一点钱后，王时芬和丈夫周鸿静开办了一家职业介绍公司，主要做职业介绍、劳务输出业务。渐渐地，王时芬发现，在为求职者安排工作的时候，很多人因为缺乏一技之长，很难找到好的、高薪的工作。于是，对这些人进行一系列技能培训又成了公司的"副业"。

那时候，有不少湖南、河南、四川等地的技校、中专生来公司求职，只要企业不满意或者求职者觉得工作不称心的，都可以回到公司继续培训，管吃管住，直到找到满意的工作为止。经过培训，求职者找工作也更加顺利。这样一来，用工企业对公司也很信任，求职者在公司求职也很安心。

渐渐地，公司的业务越来越多，尽管创业艰辛，但现在想起来，王时芬还是觉得，正是因为有了改革开放好政策的支持，她的职业教育之路才能起步。20世纪90年代末，在改革开放好政策的鼓舞下，王时芬、周鸿静夫妇萌生了回到家乡贵州创办职业院校的想法。

2001年，王时芬夫妇在凯里市创办了贵州省第一所民办高职院校——贵州鸿源管理工程职业学院。尽管学校建起来了，但校舍是租的，校领导只有几个人，师资也很缺乏，就连学生都是王时芬自己坐着公交车，挨家挨户发传单，一个一个招来的。其实，这些困难对于王时芬来说都还能克服，最让她感到无奈的是，当时在贵州省一些家长和学生对民办职业教育

贵州鸿源管理工程职业学院凯里校区曾经租用的校舍

还存在一些偏见,担心孩子学不到技术,甚至担心学校收了学费之后会不会卷款跑路。王时芬一遍又一遍地解释下来,第一个学期最终招到了10多个学生。

学生少,也要认真教。王时芬非常感谢和珍惜第一届学生和家长对学校的信任,她总是尽可能地为学生们配置优质师资,提供更好的学习条件,让学生们在学校能够学到更多的技能。毕业典礼那天,他们拍下了一张珍贵的毕业照。这张照片至今还保存在贵州城市职业学院的校史馆里。

在贵州城市职业学院校史馆里,满满一墙的批文、文件,见证了学校一路走来的不易,对于王时芬来说,2001年3月16日这一天让她永生难忘,贵州城市职业学院的前身——贵州鸿源管理工程职业学院正式获得省政府批准、

最重要的一张批文视频

教育部备案，成为国家计划内统一招生的全日制普通高校。

从最开始的十几个学生，到最高峰时2万多名在校学生；从最初的几十位教职员工，到如今600多名专职教职员工；从最开始租赁校舍，到如今占地1400多亩的现代化校园；从贵州凯里起步，到进军贵阳，3次建设校园，2次更名——贵州鸿源工程职业学院、贵州亚泰职业学院、贵州城市职业学院……王时芬细数这20多年的不容易，眼中泛着泪花。但这些困难和当前学校的状况比起来，真正的考验才刚刚开始。

经过20多年的快速发展，如今的贵州城市职业学院到了生存与发展的关键时期，要想升格成为职业本科大学。按照"升本"的要求，为了各项生均指标能够达标，学校只能连续3年调控招生数量，压缩在校生规模。学生人数减少，学校收入也就相应减少了，可学校的配置投入却一样也不能少，不仅不能少，还要加大学校的硬件、软件、内涵建设等高质

贵州城市职业学院城建学院学生实训现场

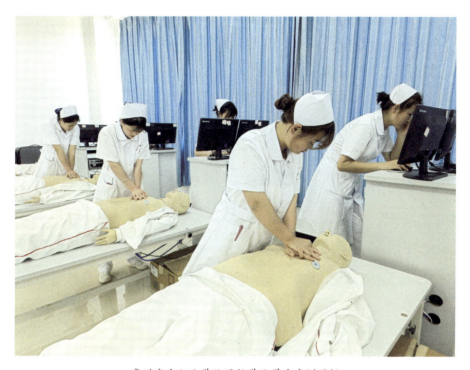

贵州城市职业学院医护学院学生实训现场

量发展方面的投入力度。面对这一切，王时芬的眼中流露出一股坚韧，只说了一句话："是感觉到了压力，但这也是最有动力的时期。坚持下去就好了。"

2021年冬天，王时芬来到威宁县小海中学调研，发现学校热水系统因经费原因，一直没有得到落实。看到同学们寒冬腊月双手浸在冰水里，王时芬很心疼，想到自己在读中学的时候，学校也缺少热水，她现在不能让孩子们也和当年的她一样受冻了。她当即决定自掏腰包10万元，为学校安装热水设施。说起原因，王时芬只是淡淡地说了一句："作为一名老党员，也作为一名老师，这是对孩子们的一种关爱，也是应该的。"尽管资金吃紧，但共产党员的本色却不能褪色。

贵州城市职业学院

## 培根铸魂　立德树人

在贵州城市职业学院教学楼走廊里，墙上、地面上都摆放着一幅幅花鸟鱼虫山水画。老师们介绍说，这些都是同学们自己创作的作品。社会的进步离不开高素质的劳动者。在学校，王时芬很看重学生的德育培养工作，注重学生德、智、体、美、劳全面发展，她认为立德树人是学校的根本，也是每个教育者的使命。为此，学校建设了党史馆、劳动馆、安全馆、历史馆等教育场地。新学期开学，新生们都要到这些场馆参观、学习，接受红色文化的洗礼，从而知道劳动最光荣、劳动创造价值，懂得安全的重要性等。

同时，学校还要求每一位老师，每一位党员都要对贫困生进行帮助，让他们在学习活动中得到更多的关心和帮助，绝不让一个学生因为贫困或者特殊原因而辍学。除此之外，学校还组织优秀的学生进入党校

贵州城市职业学院全体教职员工合影

培训学习，鼓励同学们积极地向党组织靠拢，发挥党员先锋模范带头作用。培根铸魂、服务育人，王时芬带领学校的每一位老师一直在践行立德树人的根本任务。

　　过去，不少人对于职业教育都存在着一个误区，认为进入职业院校读书的孩子成绩不好，还贪玩，学习也不会努力。对此，王时芬却不那么认为，和孩子打交道20多年下来，在她的眼里，没有教不好的孩子，只有找不到教育方法的老师。每一个孩子都有各自的特点，考试分数不高，这并不代表他们没有学习能力，只要找到了他们兴趣爱好的那个点，关键就看老师怎样去引导、指导他了。曾经就有这么一名学生，刚入校时，不爱学习，学习成绩自然也不是非常理想，但王时芬发现，这名同学虽然淘气，但思维却比较敏捷。当时，他看到学校是民办的，还那么大的规模，非常激动，一直嚷嚷着自己以后也要办一所民办学校。王时芬立刻抓住这个由头，启发这名学生，既然要办学校，首先就要把

贵州城市职业学院走廊里的学生画作

学习搞好，把技术技能学好，只有通过自己的学习经验，才能更好地去引导学生。在王时芬的鼓励下，这名学生开始努力学习，毕业后，还真的和朋友合伙创办了一所中职学校，发展得很好。在王时芬看来，职业教育并不是一个迫不得已的选择，而是一种未来的希望。真正的教育是让孩子们发自内心地喜欢去做事。如果孩子真正向往一种职业，家长要做的就是支持他们的自主选择，支持他们自己的想法，帮助孩子去实现自己的梦想。选择职业教育，选择技术技能，让他们的未来有更多的可能，人生的路也会更加宽广。

在老师们的努力下，贵州城市职业学院每年的就业率都在96%以上。学校在注重软硬件设施建设的同时，更加关注学生学习能力的培养，潜移默化地将"授人以鱼不如授人以渔"的观念根植学生心中。要求学生在校期间至少要参加10次以上面试，并将受挫体验形成总结，不断提升自己的就业面试能力，实现从容就业、自信就业。

孩子们一步一步地成长，这是王时芬最骄傲的。每天站在六楼办公室窗前，看到学生成群结队朝教学楼方向走去，看到孩子们能够愉快地、主动地去学习，她感到孩子们的未来充满希望。

## 老党员又学到了新技能

为了走进学生的内心世界，王时芬还特别要求自己和学校老师紧跟年轻人的脚步，抖音、快手、B站等新媒体平台都是这位年近六旬的老党员必修的新技能。对于王时芬来说，一生专注做好职业教育这一件事情，是一种幸福，更是一种责任。她常说：从事教育工作，就是一个不断学习提

贵州城市职业学院机电学院学生实训现场

贵州城市职业学院商务（旅航）学院学生实训现场

高的过程，老师爱学习，言传身教，学生才会喜欢学习。只有时刻关注学生的动态，做最好的自己去影响学生，与时俱进，更新思想，更新理念，才能带着学生走向未来。

2022年是"中国梦"提出10周年。回望自己职业教育走过的这10年，王时芬说她的梦想是让学校更上一个台阶——让贵州城市职业学院再更一次名，升格为贵州城市职业大学。她希望每一位教师、每一名学生都能主动地、愉悦地、多元化地、安全地在学校发展。学校的一草一木都是亮丽的风景，美丽的校园，美的教育，育美的人。为这个目标奋斗是件开心的事情，自己还在追梦路上。

在20多年的职业教育道路上，王时芬留下了一串串闪光的足迹，从一个打工者，经过不断学习、不断探索、不断追求，开辟了一条成功的民办职教之路。在采访王时芬老师

成功来自劳动视频

王时芬在图书馆

的过程中，她多次强调一个理念：职业教育应坚持做有温度、有良心、有现代特色的职业教育。她希望从贵州城市职业学院走出来的学生，能够成为眼里有光、心中有爱、肩上有责、肚中有才、手上有技的职业人，这也是贵州城市职业学院现在和未来不断追求的目标。

文：蒲亚南

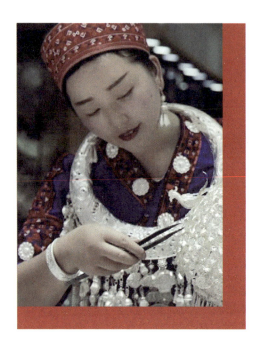

关于张谨

　　**张谨，**出生于被誉为"银饰之乡"的贵州黄平县。因割舍不下祖传的银饰技艺，成为一名女银匠。曾获"贵州省十佳青年民间艺术家""贵州省民族银饰艺术大师""贵州省五一劳动奖章""筑城工匠""贵州省最美劳动者"等荣誉和称号。现为中国民间文艺家协会会员、贵州省十佳青年民间艺术家、贵阳市花溪区青岩镇银饰协会会长。

# 了不起的女银匠
## ——张谨的银饰梦

这是一个打着补丁的铁砧，它曾是一方普通的树墩，却历经千锤百炼，表面的道道伤痕最后凝结出了贵州苗族的璀璨银花，它是女银匠张谨最离不开的工作伙伴！

张谨说，这个墩子是她生命中的重要一员，就像家人一样。张谨家祖祖辈辈都是制作银饰的，她是家中第一个传承这份手艺的女性。可以看出，这只墩子历经了几十上百年时间的风吹雨打，已有了一些损坏。张谨解释，从前祖辈制作银饰是在一个小作坊里，这只墩子没有经过日晒雨淋；但是当她带着梦想来到青岩古镇后，为了向来自五湖四海的宾朋展示制作银饰的技艺，长期在室外工作，所以墩子比较容易被风化，加速了损坏的程度。使用的时间长了以后，墩子侧面开始出现一些裂缝，张谨用铜丝补了又补，缝了又缝。之前曾有相关领域的专家和博物馆都想以高价收购这只木墩子，但

张谨的制银工具树墩子

张谨始终舍不得卖。她认为，这只墩子不仅养活了她家几代人，甚至还会养活更多人，它作为传承文化的一件必备工具，并且是自己比较喜欢的一个东西，即便它已经老化了、不好用了，仍是舍不得把它卖掉的。

## 银匠之路源于兴趣

张谨出生于民族风情浓郁、被誉为"银饰之乡"的且兰古国都——黄平。在她的家乡，银匠一般都是子承父业，世代相袭，手艺极少外传。由于张谨是女儿身，按照规矩，制银所用工具是女孩儿碰都不能碰的东西。于是，孩童时期就对银饰产生浓厚兴趣的张谨，只能"偷师学艺"。每当家族里的叔伯们工作时，张谨就躲在一旁偷看，仔细观察每一个动作每一个环节；每当家里兄弟学艺的时候，张谨就在一边偷听，不落下每一个细节每一个步骤。在张谨心目中，制银工具碰撞发出的"叮哐叮哐"的声响，是最悦耳的乐音。

终于，一次苗家节日盛会的晚上，张谨遇到了她走上"银匠之路"的一个机会——第一次触碰到了她一心向往的制银工具。趁着大人们喝酒吃肉尽情狂欢的契机，张谨摸黑钻进了工作坊，工作台上空空如也，没有银片，也没有敲打银片用的铁锤。于是张谨从邻居家顺来一把大火钳子，当作铁锤用。个

张谨在"贵州苗族印象"作坊

子不够高，就搬来小板凳当垫脚石，小小的身体悄悄溜上工作台，举起工具，学着平日里偷看来的大人们的模样，用力敲下去：哐！不好，手受伤了，鲜血直流。这道伤疤，至今依然隐约可见。那一年，张谨11岁。

这是张谨第一次如此近距离接触银匠工作。这一次经历，虽以受伤告终，却也更加坚定了她做一名银匠的决心。这一次经历，也让张谨父亲的观念开始动摇，凭借着自己对苗族银饰的酷爱和天赋，张谨使父亲决定，打破传男不传女的习俗，开始教授她制银的方法。

一边读书学习，一边给父亲打下手的生活过了几年。2002年，张谨从中级师范学校毕业后，进入当地的一所乡村小学当老师。在家人看来，张谨终于有了一份体面的工作，可她依然不甘心，对银匠工作依然心向神往。第二年冬天，张谨迎来了她走上“银匠之路”的第二个机会。

2003年冬天，因为天冷路滑，放学后张谨送一个学生回家。到了学生家，学生的爷爷正在用斧头劈开一个制银铁砧，准备当作废铁朽木卖掉，张谨心急如焚。原来，随着经济社会的发展，加上大量劳力外出务工，家里的年轻人都不做银饰了，在张谨看来，“铁砧劈开了，工具废掉了，意味着以后不会再有‘制银’这个东西了”。

这次经历给张谨触动很大，于是她毅然提出辞职，这一次，她不顾家人反对，央求父亲将祖传的打银铁砧传给她，通过不断的努力，最终，张谨成了张氏家族第五代传承人。带着她的“墩子”在青岩古镇开了一家名为“贵州苗族印象”的作坊，开始了自己的银饰生涯。

## 千锤百炼出瑰宝

张谨说，她的一天可以用这样几个拟声词来概括。

第一个是“沙沙沙”，为了让打造出来的银饰成品尽可能地干净，

张谨在锤打银饰

她按照老一辈的做法，每天的工作要从把打银的墩子、锤子和錾子等工具上的锈迹砂干净开始。

第二个是"擦擦擦"，这是用笔勾勒设计图的声音。

第三个是"轰轰轰"，这是融化银子或煅烧银子的声音。

第四个是"叮叮叮"，这是在银子上錾刻的声音。

第五个是"刷刷刷"，这是刷洗新银饰的声音。

第六个是"呼呼呼"，这是吹风机把其吹干的声音。

最后是"叮铃铃"或"当啷啷"，这就是晃动成品银饰时发出的清脆美妙的叮当声了。

用这几个拟声词来简单概括银匠一天的工作，听起来是很简单的事。可是，每个环节的工序里，又分成了若干不一样的、重复的小细节。

苗族银饰锻造技艺，是苗族重要的传统工艺之一。目前被列为国家级非物质文化遗产之一，逐渐面临失传的风险。一代代银匠们耗费了毕生心血，才传承了苗族银饰传统工艺。这其中每一件银饰的面世，都需要耗费苗银匠人很多的心血。

在张谨的工作室里，有一只制作完成的手工银壶，表面布满了鱼鳞般的锤纹，这只壶的每一个锤纹，都足以看见银匠的精湛技艺。记者现场计算过，张谨每一分钟大概

女银匠的一天

会完成49次银饰敲打动作。张谨说，完成这样一个手工银壶，需要敲打10万次左右，按照每分钟敲打49次计算，10万锤的银壶，需要连续捶打2041分钟，也就是34个小时。

一名银匠的工作，就是在日复一日的千锤百炼中，萃取苗族传统文化中的精华。

在长期的银饰制作中，心思细腻的张谨有了新的认识，张谨认为：现在的银饰，最关键的是保留原有的民族特色，更关键的是要不断创新，让民族的元素融入生活的场景。这样，苗族传统手工银饰，才会有更广阔的市场。

加工银条

## 传统和创新的平衡

张谨认为，苗银蕴含的民族传统文化，是大家想要购买苗银的一个原因。除了它美丽的外表，其实更多人想去探索它背后优秀的民族文化血脉里的基因。苗银具有苗族的文化基因，它是传递苗族文化的一个重要载体。但是在传统的苗银首饰上，存在一个问题——虽然它的制作工艺精

湛，看起来很精美，可是苗族传统的审美观是以大为美、以重为美、以多为美。因此，传统的苗银只适合收藏，或者放在展览馆里展示。这样它是走不出去、走不长远的，唯有跟上现在快节奏的消费理念，更好地捕捉现代人所喜爱的时代潮流，将现代都市的时尚审美与传统文化有机、有效地结合，实时掌握市场的需求动向来研发产品，才能使产品得到更广泛的使用，其蕴含的传统文化精髓才能得到更好地传播。也就是说，在想办法让更多人喜欢上传统元素的同时，也得尽可能地创新，让器物的造型跟现代的审美相契合，才会得到大众的认可。广泛的使用，才是最好的传承。

在张谨看来，青岩古镇是贵州向外界展示贵州本土文化的一扇明亮的窗户，而苗族银饰的传承如同一部史书，记载着苗族文化的变迁，她希望大家通过"贵州苗族印象"这只眼睛，真正看到苗族文化之美。

张谨说，苗族经历了几千年的历史文化积淀，现在已遍布于全世界。苗族有诸多的支系，每个支系都有自己特定的元素符号和文化精髓，就像一座五彩斑斓的文化大花园。

张谨制作的银壶

琳琅满目的银饰、刺绣、蜡染这些东西，只是文化传播的载体。实际上，每一件器物、每一件刺绣、每一件蜡染背后，都有很多为人处事的道理，比如孝道、和睦相处、生态保护等等，有太多的文化内涵隐藏在了这些物件的背后。

苗族文化的载体

## 小梦想与大梦想

如今，张谨的小梦想已经基本实现，同时也帮助兄弟姐妹们解决了就近就业。未来，她还将带领徒弟们一起，通过诚实、守信、务实的劳动过上更美好的生活。

张谨说，自己实现致富梦的过程一波三折，但是当她发现这条道路越走越宽阔以后，还是挺欣慰的。她没有为当初自己那个在大家看来非常另类的决定而感到遗憾，反而觉得自己做了更有意义的事情。她从山里来到城镇，把自己的梦想真正地、成功地向世人展示。这些年她把苗族优秀的传统银绣文化带进街道、社区，带进学校，带进留学生课堂和知名景区，进行了多渠道多维度的宣传，吸引了不少圈外人的关注。她能让世人通过自己这扇小小的"窗口"，更广泛地了解苗族的文化。

张谨常常给自己的兄弟姐妹、徒弟以及青岩银饰协会的会员们说：我们国家有五十六个民族，就像五十六朵花，我们每一个民族都努力开好自己的那朵花，中华巨轮就可以载满鲜花驶进世界舞台的中央。我们要坚定民族文化的自信，不断地努力，想方设法通过自己的劳动，从经济上、技艺上解决我们身边困难群体的需要。因此我们做的不仅仅是自己小小的脱贫梦、致富梦，也是大大的中国梦！

张谨从大山深处走来，虽一路荆棘密布，却也一路花开。摆放在工

张谨向外国留学生们展示制银技艺

作室门口那个打满补丁的树墩砧子，成了张谨追梦旅程最好的见证。传统与创新、民族与现代，"贵州苗族印象"在张谨的手中熠熠发光，借由一款款苗族手工银饰不断传承、延展。

筑梦未来

　　为了开拓更广阔的市场，2019年，张谨创立了自己的品牌，成立了贵州吉禹鸟民族工艺品有限公司。2020年8月，"吉禹鸟"成为贵州"贵银"品牌合作企业。相信贵州苗族传统银饰的技艺和文化，会跟随这只"吉禹鸟"，飞出大山，飞向世界。

文：范晶晶

唐燕关于

　　**唐燕，**1974年生。曾是一名IT创业者，后转型从事绢人创作，师承"北京绢人"第二代传人杨乃蕙大师，大胆创新，创立"唐娃娃"品牌。2011年与贵州盛华职业学院联合创办唐人坊非物质文化遗产传承学院。2015年在惠水县注册贵州唐人坊文化创意有限公司，为培养贵州"非遗"人才提供平台。

# 国风玩偶传承民族文化

## ——唐燕与"唐娃娃"的贵州缘

　　2022年北京冬奥会上，国际奥委会北京冬奥会协调委员会主席胡安·安东尼奥·萨马兰奇收到一件生在贵州的礼物"唐娃娃"。作为冬奥伴手礼，1000多个"唐娃娃"还被送进北京冬奥村运动员公寓、媒体中心、非遗展示区等场地。英姿飒爽的穆桂英，神采飞扬的花木兰，雍容华贵的杨贵妃，神通百变的美猴王——亮相冬奥的4款"唐娃娃"成功破圈，成为传播中国优秀传统文化的使者。

　　"唐娃娃"的创始人唐燕，曾是一位非常成功的IT创业者，从小

作为"冬奥礼物"亮相冬奥村的4款"唐娃娃"

就喜欢收藏娃娃玩偶，有一次逛街她发现了一个栩栩如生的中式娃娃，一下子打动了她。后来，唐燕得知这是非遗技艺——北京绢人。于是，她辗转努力，最终拜在北京绢人大师杨乃蕙门下，刻苦学习了绢人技巧。在此基础上，唐燕大胆创新，锐意改良，2003年创立了"唐娃娃"品牌。

2009年，在一次公益活动中，唐燕与贵州结缘，投身贵州，把"绢人"技艺与贵州丰富多元的民族文化融合起来，创办了贵州盛华职业学院唐人坊非物质文化遗产传承学院，招收初中毕业的少数民族学生，提供全额资助，培养他们的一技之长。之后又成立贵州唐人坊文化创意有限公司，为"非遗学院"毕业的学生们提供圆梦的平台。

## 从痴迷于人偶到学习绢人技艺

从3岁开始，唐燕就特别喜欢布娃娃玩偶。但是那时候家里特别穷，一直都没能满足拥有一个属于自己的布娃娃的心愿，所以就留下了一个布娃娃情结，见到漂亮的布娃娃就"走不动路"。后来一直到18岁上了大学，唐燕才拥有了人生当中第一个布娃娃。读大学期间，唐燕的床铺上摆的都是布娃娃，可以说她有着一个关于布娃娃的梦想。

唐燕毕业于四川电子科技大学，当时还叫成都电信工程学院。她学的是计算机软件，和自己的爱好完全不搭界。毕业之后她做了8年的程序员，工作很枯燥，每天对着电脑编软件。后来她在中关村创业，做了一家软件公司，每天忙着跑项目，然后回来做软件实施。20世纪90年代，做软件工程有很多的机会，她的公司算是已经做得很大了，那个时候是挣了一些钱的。但是突然有一天，她开始反省，难道自己的人生要不停地跑项目、赚钱，再接着跑项目？她反问自己，这样的生活有意义吗？后来她就

唐燕与绢人产品

决定要做一件自己喜欢做的事情。

　　此前，唐燕经常购买芭比娃娃、洋娃娃之类的玩偶。有一次，她在一个工艺美术展览上看到一张中国风人偶的照片——一个白色的穆桂英。当时她就特别震惊——天哪！自己生活在中国，都不知道世上竟然有这么漂亮的中国风人偶。她被彻底惊艳到了，询问后得知这种人偶叫"北京绢人"，心想一定要找到这件作品的制作者——绢人工艺美术大师杨乃蕙。可是她用了各种方法打听，找了好久，都没有找到这位制作者。

　　后来，反倒是杨乃蕙老师找到了唐燕。因为唐燕把她的电话号码留给了遇到的所有可能认识杨老师的人，在一次研讨会上，杨老师通过别人得知了唐燕在找她。唐燕接到杨老师的电话时，真的高兴极了，当即就到杨老师家去拜她为师。她问唐燕，现在"绢人"工艺品都卖不出去，也没人学这门手艺，你为什么要学？唐燕说因为太美了，自己从来没见过这么精

"唐娃娃"亮制作过程

致的玩偶,请杨老师一定要教自己。

1998年,唐燕离开了原来所在的公司,成立了一个绢人工作室,把杨老师请过来全心全意地传授技艺,潜心钻研传统绢人的制作工艺。2004年,唐燕成立了北京唐人坊文化发展有限公司,挽救了濒临失传的绢人技艺。

后来,有朋友提醒唐燕应该给自己开发的产品起一个独特的名字。由于唐燕从小就有一个"唐娃娃"的绰号,她就用了"唐娃娃"作为自己的品牌名称。

## "唐娃娃"与贵州结缘

"唐娃娃"来到贵州属于机缘巧合。以前唐燕对贵州的了解比较局限,只知道贵州是一个山清水秀的,少数民族文化丰富多彩的地方。有一次,她看了贵州苗族同胞戴银帽、穿彩带裙的照片,就"照猫画虎"般做了一个原创的"苗族娃娃"放到公司的展厅里。没想到后来有一位贵州的朋友来参观,他一看这件作品就说:"你这个娃娃的服饰做得不对!"唐燕不理解:"哪儿不对?我看到照片和图片上的苗族就是这样的啊。"这位朋友说:"你不了解苗族,苗族有很多分支,服饰各不相同。"他还指出唐燕犯了一个忌讳，把一个苗族分支的上衣和另一个分支的裙子穿在了一起。最后他给了唐燕一个建议——要想做好苗族娃娃，必须去一趟贵州。

2009年，唐燕开始与贵州结缘。那时刚好有一个契机，唐燕的大学同学在贵州筹办盛华职业学院，当时她以一名志愿者的身份，第一次来到贵州。在做好公益志愿者的同时，她自己还有一个"任务"，就是要搞清楚苗族的服饰到底什么样？自己做的玩偶衣服哪里穿错了？唐燕邀请了一位在贵州做导游的朋友，开车带她到贵州各地采风。唐燕这才发现原来苗族有那么多的分支，以前做的那个玩偶错误地把"施洞苗"的衣服和"长裙苗"的裙子穿在了一起——实际上，这样两个苗族支系的服饰图案和刺绣方法都是不同的。

后来，她又看了很多当地收藏的苗族盛装，她又一次被惊艳到了。她

贵州少数民族系列"唐娃娃"

突然发现：天哪！贵州真的是民族文化的宝地。尽管她从小也喜欢刺绣，但是她不知道在贵州还有那么多种刺绣方法，有用金属来刺绣的，还有用丝绸一层一层堆叠起来的刺绣，而且贵州少数民族没有经过训练，可她们都是天生的配色高手。这些美丽的刺绣唐燕见都没见过，所以一下子就被贵州丰富的民族文化吸引，可以说一下子就"沦陷"了。

## 创办"非遗学院"

来到贵州以后，唐燕开始了一段"采风"的生活，那一段时间她也为后来成立的"非遗学院"做了不少准备。在此期间，她发现了两个现象。一个现象是山区的女孩结婚都比较早。有一次她看到有一个看起来只有十二三岁的女孩，背了一个小孩在田间玩。唐燕就过去问她，这是你的弟弟妹妹吗？没想到对方回答，这是我的孩子。唐燕当时很吃惊，感觉这个女孩自己都还是个孩子，怎么能承担起抚养下一代的责任呢？后来唐燕了解到，这种现象在当时挺普遍的，大山深处的女孩结婚都比较早，她们十五六岁初中毕业以后基本就成家了。唐燕看到的另外一个现象是贵州有深厚的民族服饰文化，不仅样式多样，而且制作方法也很多样。唐燕所遇到的那些当地绣娘，都已经很老了。然而矛盾的是，当时贵州深山的女孩们又那么早就结婚生子了——这些传统技艺没有年轻人来学。于是唐燕就

唐人坊非物质文化遗产传承学院环境

唐人坊的非遗技艺传承

跟盛华职业学院的领导商量，说想办一个非物质文化遗产传承学院，招收一批有志学习"非遗"传统技艺的女孩，不要让她们那么早就成家，要让贵州这些宝贵的民族文化得到传承。

贵州盛华职业学院唐人坊非物质文化遗产传承学院就这样成立了，2012年招收了第一期"非遗班"的50个学生。当时是零收费、免学费招生的，学生们只需要带一套换洗衣服，其他的什么都不用带，学院已经把所有需要的东西都备齐了。不仅如此，学院每个月还给这些学生300元的生活补助。

招到学生之后，"非遗学院"碰到的第一个问题就是师资问题。从事职业教育，尤其传授"非遗"技艺，当时并没有现成的经验。具体来讲，就是要怎么教这些学生？唐燕想到，之前在乡下采风的那段时间，她遇到了很多"非遗"传承人，能不能把这些传承人请到学校里来任教呢？"非遗学院"邀请到了很多的国家级和省级的"非遗"传承人作为第一批任教老师，给予他们等同于副教授的待遇。他们也不负所托，为"非遗学院"培养了一批非常优秀的、具备职业素养的专攻刺绣、蜡染的年轻人。直到现在，还有很多"非遗"传承人在"非遗学院"任教。

那些年，很多人问唐燕，是什么坚定了她在贵州发展事业的信念。唐燕认为这是自己的责任，从她个人的角度来说，如果这样一些优秀的手工艺没有年轻人来学，损失就会很大。

## "非遗"产业化之路

当时唐燕在北京做"唐娃娃"，已经做了10多年了。那时候她已经进行了标准化、流程化和市场化的探索，可以说"唐娃娃"品牌在"非遗"这个领域，已经有了一定的知名度，她已经走出了一条"非遗"产业化的道路。所以她就想，既然"绢人"这样一种手工艺能够在全国乃至全世界打开一定的市场，为什么不把这样的模式复制到贵州来，看看可不可以为

民族风的"唐娃娃"产品

取材于贵州少数民族服饰的"唐娃娃"产品

贵州丰富的民族文化做一些事情。于是在2015年，唐燕成立了北京唐人坊文化发展有限公司的全资子公司——贵州唐人坊文化创意有限公司。贵州唐人坊是贵州"非遗学院"的学生们的一个展示平台，唐燕希望通过公司行为，为他们打开市场的渠道。贵州唐人坊有一个很大的计划，就是将来和"非遗学院"培养的学生形成合伙人制：学校负责培养他们手艺，公司负责在景区开一些店，让学生把这样的店面撑起来，既制作，又销售，让学生可以获得收益，也让他们可以凭自己所学的技艺实现人生价值。

　　唐燕的公司里的职员，现在有10多个是"非遗学院"培养出来的学生。唐燕认为他们现在已经成长得非常优秀了，已经达到了这个行业的中级水平。

　　2015年，"唐娃娃"曾作为国礼赠送给澳洲的宾客，那一批产品全都是贵州"非遗学院"的学生参与设计制作的。一开始，学生们并不知道自己的产品将承担这样的重任。其实有很多重大的外事场合，唐燕都会组织学生去参与。学生们去到北京，会发现从事这个职业是非常光荣的，而且能得到社会各界的认同，他们非常有自豪感。在很多的场合，唐燕都会把学生推上前台，包括一些媒体的采访，她都会留给学生去表现，让他们感受从事这样一个职业是多么令人自豪。

## 再难也要坚持

唐燕坦言，做"非遗"这一行很艰难。难在哪？最大的困难是市场的认同，还有一个就是人才梯队的培养。尽管已经创办了"非遗学院"，但是能够最终坚守下来的学生，可能只占10%到20%。很少有学生能够在这个行业一直坚持下来，因为确实太难了。学生们可能会面对很多的诱惑，比如哪里的工作收入要更高点，或者哪里有什么更好的福利。后来唐燕对他们说，你们要做的，不应该只是解决个人的温饱问题，你们不应该辜负国家和民族的重托，你们得把民族文化传承下去，这个任务只能靠你们去完成。所以坚持下来的学生们内心都有一种责任感、使命感。唐燕说，一定要把这种价值观和认同感传给学生们，因为自己这代人终会慢慢老去，年轻人一定得把"接力棒"传下去。

在唐燕的心目中，贵州是民族文化的宝地，但贵州想要传承民族文化，仍然任重而道远。

唐燕非常认同回归自然的理念。为什么在贵州还能保留很多原始的传统织布、刺绣和染织技术？她认为，是因为在过去，贵州交通不便，反而把民族文化保留得特别好。现在唐燕也在反思一个问题——我们为什么要发展得这么快？有时候唐燕到乡下去，会遇到一些农村妇女。她们可能没有太多钱，但唐燕看到她们一边绣花，一边唱歌，就觉得她们生活得很幸福。所以，为什么不让自己的脚步放慢一点？唐燕也想逐步提倡一种回归自然的理念和更健康的生活方式，希望自己的学生有正确的生活方式和幸福观，这样才能把民族文化很好地保留下去。

唐燕认为，目前在贵州市场还有很多产品研发和市场推广没有完全做到位，这是一个很漫长的征途。唐人坊发展了20多年，一步一步走到今天

唐燕与绢人产品

非常艰难。2020年以来爆发了新冠肺炎疫情，导致旅游业长期停摆，而唐人坊做的主要是旅游商品，没有游客，就没有收入。即便如此，唐燕依然告诉自己的团队一定要坚持住，因为他们做这件事的初衷，实际上就是一种坚守。在前进的道路上，必定会遇到各种各样的风风雨雨，不单是现在受到疫情的影响，未来可能还会遇到其他的挫折，只要能够坚持走下去，一定就会成功。

　　记者初见唐燕，是在贵州唐人坊文化创意有限公司。那天她刚从外省采风回来，风尘仆仆地接受了采访。她身着一件民族风长衫裙，裙上点缀着刺绣图案，从服饰上就能看出她对民族文化的关注和喜爱。

　　一个"唐娃娃"，一个"唐人坊"，一所"非遗学院"，让从小就喜欢布娃娃的唐燕和贵州结下了不解之缘，为贵州非物质文化的传承与保护助力。一个个小小的"唐娃娃"，不仅是唐燕的梦想，也帮助了很多人创造梦想并实现了梦想。这一个个承载着中国元素和中国符号的"唐娃娃",让世界看见了中国,也让居住在贵州深山的绣娘们通过自己的双手,创造出属于自己的美丽人生。

文:范晶晶

关于乐天

　　**乐天，**资深旅行博主。2019年放弃北京一线互联网公司的工作平台，回到家乡开始拍摄关于贵州的旅行视频。2020年11月，被贵州省乡村振兴基金会授予"贵州乡村振兴旅游形象大使"称号。

# 把贵州介绍给世界
## ——乐天的追梦十年

乐天是一名资深旅行博主。2019年，他放弃北京一线互联网公司的优渥待遇，回到家乡开始拍摄关于贵州的旅行视频，他说"要把眼里的贵州介绍给全世界"。

2020年11月，乐天被贵州省乡村振兴基金会授予"贵州乡村振兴旅游形象大使"称号。从传媒学院一路走来，乐天始终秉持初心，用自己的方式讲故事。他说："如果我的视频能挖掘故事，帮助到当地人，那将是最幸福的事情。"

"中国梦"提出的这十年，也是乐天飞速成长的十年。追梦旅程，乐天一直在路上。

## 为逐梦去北京

1990年，乐天出生于贵州省铜仁市，从小有个"主持梦"的乐天，2009年进入了贵州师范大学学习播音主持专业。毕业后在贵州广播电视台找到一份稳定的工作，顺理成章地成了一名主持人。乐天并不满足于现状，决定去更大的平台追逐心中的"主持梦"。2016年，乐天当起了"北漂"，签了一家互联网公司，继续干他热爱的主持工作，事业风生水起。然而就在这个时候，乐天又萌生了回贵州的想法。这一年，乐天29岁。

乐天

## 家乡便是"诗和远方"

人在不同年纪会做出不同的决定。乐天说，在自己二十几岁的年纪时，希望到更大的舞台去打拼。然而3年的北漂生活，让乐天心中充满了对家乡、对亲人的无限怀念。他发现"原来我自己的家乡就是别人眼中的诗和远方"。于是，2019年8月，乐天决定回贵州。

乐天回贵州自主创业，瞄准了短视频市场。他希望通过短视频这种新的传播方式，把自己的观点，把自己对贵州的认知告诉所有的朋友。

为什么选择短视频？乐天认为，新媒体改变了目前媒体从业者的工作方式和工作形态。随着新媒体的发展，地域限制已经不是一个牢不可破的壁垒，即便身在贵州，同样可以把自己的声音传递到全国各地去。乐天心中的主持梦依然在继续，用他的话来说就是"工作形式并没有变，依然在讲自己的故事，讲自己的所见所闻，只不过换了一个平台，换了一种方式"。这样的改变，让乐天觉得距离梦想更近了。

乐天在黄果树瀑布

## 回到家乡拍视频

　　每个人的青春记忆里，一定有那么一个地方，有着浓墨重彩的一笔。在乐天的记忆里，位于贵阳市花溪区的高坡云顶草场就是这样一个地方——天空很高，云层很低，人很渺小。置身云顶，给人一种无限自由的感觉。回到家乡以后，乐天首先把镜头对准了这个对他来说意义非凡，印象深刻的地方。

　　用一种唯美、浪漫的视角呈现贵州、解说贵州，给了网友耳目一新的感觉。乐天拍视频有一种执念，在他心中有一个近乎完美的标准，很多视频都会修改很多次，直到接近自己那个标准了，才会呈现给广大网友。灵感来的时候，一两天可以产出一条短视频，然而旅行博主的工作并不总是这么顺利，有的作品的创作周期，需要花上一两周的时间。1分钟的视频里，除了展示贵州风物的独特魅力，还会展现贵州人的坚韧品格。

乐天（匍匐者）在进行拍摄

在乐天的主页里，《岜沙》是他最满意的一个作品。乐天对岜沙的第一印象是，他们是贵州的一个充满男性荷尔蒙气息的、很酷的族群。然而当他到了岜沙之后，迅速被他们对生命、对树木、对自然的敬畏之心所吸引。于是他推翻最初的拍摄计划，从音乐选择到文案设计，耗时8天，重新制作，只为了讲述一个更真实动人的"岜沙故事"。《岜沙》这期视频全网曝光2000万次，凭借这期视频，乐天一夜"涨粉"20万人。他说："大家喜欢这个作品，大概是因为《岜沙》说了一个大家从来没有听过的故事。"

## 另一种"贵州故事"

推翻乐天"第一印象"的地方，还有高荡村。

高荡村位于安顺市镇宁自治县宁西街道，是一个布依族村寨。穿过高荡村古朴庄严的寨门，蜿蜒的栈道串联着古老村庄，灰白色的石板房错落有致，古井、古石碑、古堡等古寨元素保存完整，展示着村寨变迁。

2010年之前，高荡村还是藏在深山人未识的小山村，随着诗人、画家、游客不经意的"闯入"，高荡村开始小有名气。随着基础设施不断完善，高荡村于2018年成功创建国家4A级景区。世代以农耕为主的高荡人，生产生活已然发生翻天覆地的变化。然而这里依然是一个小众的旅游目的地。

乐天拍摄高荡村的初心，正是看中了它的"淳朴"和"小众"。可真正感受过高荡村的宁静之后，乐天感触良多。由于留在村里的大多是上了年纪的老人和尚未成年的孩子，高荡村的宁静中有一丝惆怅。如果这里有了知名度，变得商业化，是不是会有更多的工作机会？那么这些老人的子女，这些孩子的父母，是不是就可以在家门口就业了？这些老人和孩子是不是就可以不用再这样眼巴巴地望着远方盼亲人归来？

于是，乐天在文案里写道"我第一次这么期待一个宝藏目的地可以变得商业化，我想远走他乡的青年回乡，老人、孩子不再终日望着远方。我希望这里能够因为发展旅游业而殷实，赐予远走的人勇敢回家的力量"。这一次，他给人们说了另一种"贵州故事"，希望"我的视频能帮助到当地人，那将是最幸福的事情"。

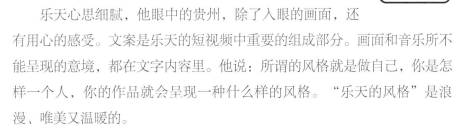

乐天心思细腻，他眼中的贵州，除了入眼的画面，还有用心的感受。文案是乐天的短视频中重要的组成部分。画面和音乐所不能呈现的意境，都在文字内容里。他说：所谓的风格就是做自己，你是怎样一个人，你的作品就会呈现一种什么样的风格。"乐天的风格"是浪漫、唯美又温暖的。

他说："现在大家生活压力都不小，然而大家都在自己想办法消解，这样内耗挺大的，我想大家可能更需要一个自愈的过程。也许大家因为各种原因不能出门旅行，也许人们因为生活的柴米油盐而忘了关注身边的风景，但是由于看了我的视频，他们或许就能感知到这个世界上有那么多美好的存在，我希望我的视频有这样一种疗愈心灵的功能。"

## 希望更多人看见贵州

特殊的地理环境造就了贵州得天独厚的自然资源，这是贵州发展旅游的优势。"家乡越来越好，创业环境也越来越好"是乐天回贵州这些年最大的感触。他认为，现在是贵州发展旅游的大好时机，也是自己的一个机会。

2020年11月，贵州省乡村振兴基金会授予乐天"贵州乡村振兴旅游形象大使"称号，这个身份给了乐天极大的认同感和使命感。如今的乐天，已是十年前自己梦想中的那个样子。下一个十年，乐天又有了新的打算，他说他要努力成为一个自带流量和热点的博主，并且尽快搭建起自己的直播间，将贵州丰富的物产介绍到更多的地方，介绍

乐天在西江苗寨

给更多的人，为贵州乡村振兴贡献一份微薄的力量。用自己的镜头，讲好贵州故事，继续把自己眼中的贵州介绍给全世界。

　　"小城市也有大视界，小人物也能有所为，重要的不是你在哪座城市，而是那个你最想成为的自己。"乐天正在成为他自己，相信最初的乐天，会遇见最终的乐天。

文：范晶晶